the Rules of Red Pill

成為真正的強者，讓妹子自己來把你！

壞男人的紅藥丸法則

那個奧客

Preface

前言

那個奧客

謝謝大家對《壞男人的孫子兵法》的厚愛，讓我有機會出第二本書！

自從上一本書略略提到**「紅藥丸」（Red Pill）**的概念後，我收到不少男性讀者朋友瘋狂般的私訊，求知若渴地想知道更多能幫男人脫離把妹困局的兩性知識。無奈翻遍華人世界大部分的兩性書籍，大多只侷限在脫單和相處這種目光如豆的鳥事上，沒有一本提到紅藥丸相關知識（比較接近的大概是我的第一本書），即使在西方世界的各大兩性論壇，這已經是如火如荼在男人間瘋傳的知識，而且是武器級的知識，但過於衝擊東方國家的傳統價值觀，以致在華人圈內仍付之闕如。

既然這樣，乾脆我自己來寫吧！

什麼是紅藥丸？

在上一本書裡我提到紅藥丸一詞的由來，主要來自電影《駭客任務》（*The Matrix*），幫助主角尼歐（Neo）脫離母體幻境的解藥；與之相對的，則是繼續留在虛幻世界醉生夢死的**「藍藥丸」（Blue Pill）**。你要知道，絕大多數男人和女人相處的兩性觀念，多半是極度女傾，透過影視、網路、紙本，所有你想得到的媒體形式，鋪天蓋地席捲而來，導致男女相處到了最後，男人往往賠掉自己的身家，甚至犧牲夢想，只為了「女人」。

嚴格來說，紅藥丸並不是教你怎麼把妹，因為它完全沒有提到把妹技術，只有理論架構與整體大方向。用軍事術語來講，紅藥丸只提供「戰略」，沒有相關「戰術」。事實上，紅藥丸要求男人追求自己的理想，想辦法讓自己變成王者，同時避免在女權當道的世界被媒體洗腦，清醒地活著，用理智通透的火眼金睛，在看似盤根錯節的兩性互動之中，洞悉隱藏在背後的種種規律。

只有變成強者，女人才會愛你。紅藥丸的真諦其實只有這樣。

有慧根的話，其實紅藥丸可以成為人生決策指南。你可以試著把書中與妹子互動的原則，套用在職場與客戶、老闆、同事的相處上，一定會發現驚人的相似之處，更能從中受益。

但沒辦法，畢竟打著兩性的旗號比較好賣，紅藥丸的職場應用就留給大家自行揣摩，你也可以來我的YouTube頻道[1]收看直播，或者到我的部落格[2]閱讀文章，持續進修。

紅藥丸是仇女嗎？

西方各大紅藥丸相關讀物的評價兩極，會給好評的往往是在愛情或婚姻搞得滿身傷的男人，不能接受的通常給極端負評。至於以下兩種人，我強烈建議不要接觸紅藥丸相關知識，這本書你最好翻都不要翻：

1. 女人

女人看到紅藥丸理論，第一個念頭往往是這根本是一本散布仇女思想的書，把女人寫得既功利又現實，嚴重傷害兩性互動，又破壞皇城之內的和氣，非常不健康。但我要說的是：在極端女權大刺刺罵男人該死的同時，又有幾個人跳出來替男人發聲，說這些女人仇男呢？除此之外，女人可以嫌棄男人媽寶，這種普世價值觀上受女人鄙視的類型；但聽到男人稍微評論一下女人拜

1 YouTube「那個奧客」〈https://www.youtube.com/channel/UCqEzli3BnHyTis0NW-6-h2A〉
2 部落格「那個奧客」〈https://neganchor.com〉

金，或領了薪水下個月馬上出國旅遊全部花光的奇特金錢觀，卻總是指著男人鼻子大罵仇女。

在我看來，是不是該用到「仇」這個字眼，取決於要求的對象是誰。沒錯，紅藥丸的確點出兩性互動的真實面，甚至還有點醜陋，但要求改善的對象並不是女人，而是我們男人自己。正所謂男兒當自強，能夠反求諸己而非怪天怪地怪政府的男人，怎麼看都比那些整天想把男人掰彎的極端女權分子要正派多了。

但無論如何，我還是建議身為男人的你，別讓女人知道你在看這本書，解釋起來可是非常費事的，別自找麻煩。

2. 藍藥丸中毒患者

事實上，我們身邊九五%的男人都活在藍藥丸世界底下，而且橫跨階級，上至富二代，下至魯蛇，都在母體裡醉生夢死。他們深信愛情的美好，腦中有被偶像劇或明星洗腦的婚姻藍圖，天真以為只要堅持為女人付出、認真守護，總有一天會換得佳人回頭，讓她願意愛上自己。

而藍藥丸中毒患者更是其中之最，對他們而言，美好的愛情如同基督徒眼中的上帝，而上帝是神聖不可侵犯的，更不容他人質疑祂的存在。如果你是這種人，還有機會把書闔上，回到母體繼續過著夢想中的生活——如果你的夢想能夠實現的話。

所以這是一本什麼樣的書？

1. 一本人類觀察學的書，背後理論基礎其實是大數據

紅藥丸沒有任何溫馨幹話，只有擺在檯面下不斷上演的鐵錚錚事實。一旦你有足夠的感情歷練（通常伴隨著滿身傷），會發現裡面講的全是真的。我們的前輩早就用滿身傷痕的血淚在疾呼真相，只是大多數人只看到理當是個案的「美好愛情」，還把特例當成常態。

的確，不是每個女人都這麼功利和現實，真實世界裡當然有好人也有壞人，紅藥丸講的東西也只是大部分狀況，無法涵蓋全部。如果你真的確定遇到好女人，那就忘掉這本書吧。

2. 一本會毀掉你三觀的書

在你閱讀的過程中，很可能會與你的三觀（世界觀、人生觀、價值觀）產生極大衝突，你會驚呼怎麼可能發生？怎麼可能不理妹子，她還反過來愛上自己？的確，每個人心中都有個信仰，在信仰破滅的那一刻的確不太好受。你當然可以選擇捍衛自己的信仰，持續服用藍藥丸；也可以

像尼歐一樣，選擇看到真相的紅藥丸。

如果你依舊想知道紅藥丸是怎麼一回事，不妨暫時拋開腦中成見，用開放的心胸閱讀下去。為了避免被過度攻擊，這本書只著眼規律與理論，以及比較一般的男女互動現況，想知道真實案例，除了與小弟我當面私下交流，恐怕只能自行操作並細細體會。

3. 結合《孫子兵法》與我個人經驗的紅藥丸解讀之作

當然，我絕對不可能只是照表操課，完全把西方論壇裡那套原封不動搬過來交差了事，我會結合自己在兩性實戰上的經驗與體悟、符合華人世界的國情，以及不離《孫子兵法》的概念，透過「兵法指引」用嶄新的角度去解讀紅藥丸相關知識。每個小節的最後，也會附上「建議行動」幫助大家脫離苦海，逐步達成紅藥丸的真諦——自由。

吞下紅藥丸之後的覺醒，可以讓男人變成有能力與責任感的男子漢，只有讓真正的王者領導女人，才能讓兩性互動從單方面剝削昇華成雙贏。

大家的成長，就是在幫我積功德，賺錢之餘，我也能離地獄愈來愈遠了，哈哈哈。

Foreword

推薦序

好倫

這是一本寫給男人看的書，也只有男人可以從自我生命體驗理解到——**所有男人的表面上是現實主義，骨子裡其實是浪漫主義。**

在女本位主義的現代社會裡，有太多類似「男人是下半身思考的動物」、「男人腦裡都是性愛」、「渣男」之類的道德羞辱，彷彿所有女人都是純潔聖母的化身，精蟲衝腦的男人必須努力跪舔才能換得女人的垂憐。然而，只要稍微研究女性生理構造就可以發現，從性器官的神經末梢數量與密度來看，女人在性愛中獲得快感的潛力遠遠大於男人，人類作為靈長類中最「性」致勃勃的群體，基本上男人女人是一樣色的。明明女人在性愛中可以獲得更大的快樂，為何男人還是不斷跪舔呢？答案很簡單：上兵伐謀，從性市場的價值組成來看，這一切都是行銷的結果。

男人在藍藥丸世界裡受到各種思想摧殘：武俠小說要男人比武招親、日劇要男人當暖男守護女主角，更別說社群媒體上隨處可見好男人守則，好兒子、好情人、好丈夫、好爸爸，長期洗腦下男人已經本能性地將女人、家庭、小孩置於個人利益之上，只是在夜深人靜時不禁感嘆。這股悲傷是無以名狀的，男人問問自己：你在感慨什麼？你在內疚什麼？其實我們也說不出來，因為藍藥丸實在將男人洗腦得太徹底了。

吞服紅藥丸的覺醒過程中，憤怒是必然的。甚至我可以說，短暫變成憤世嫉俗的「黑藥丸」（Black Pill）也無所謂，冷眼看著少數極端女權主義信仰者，將全體女性當成擋箭牌向前進攻，深入了解就會發現，女權運動並不是為了女性全體的福祉（當然和男性更加無關），所謂的兩性平權看似平等，其實正在破壞傳統的男女社會分工價值，這是只看結果不看過程的平等，只要權力不要責任的平等，最終必然像《動物農莊》寓言的結果：「所有動物生來平等，但有些動物比其他動物更平等。」

反者道之動，紅藥丸雖是一門「至陽」的學問，目標並不是摧毀女性、建立男性至上體系，而是讓男人在這個「至陰」的現代社會裡，練就避免被歸零的防身武術。男女先天身體素質差異自然產生利益矛盾，唯有分工才能夠合作，合作才能夠互相諒解。男女戰爭永遠不會平息，可以的話我們應該帶著慈悲心去關懷所有人（包括極端女權）。

男人是真正的浪漫主義者，但如果想實踐內心的浪漫主義，必須有強大的現實主義作為基礎，從這本書可以透過學習來理解女人的慕強心理、男女性價值計算方式，以正確的兩性權力架構來互動，將生命的重心放在自己身上。這本書看似現實殘忍，細讀之下會發現也只為了一個目標：成為一個更強的男人。

女人畢竟是慕強的，這一切的努力其實是為了證明——所有男人的表面上是現實主義，骨子裡其實是浪漫主義。

Foreword
推薦序

張忘形

很開心能幫奧客的第二本書寫序。

還記得我曾在自己的粉專推他的第一本書《壞男人的孫子兵法》，發生一些小插曲：有些人認為我怎麼會推薦？怎麼可以教壞大家？除了我們私交很好以外，我的想法是：如果奧客的方法有效，並成為所謂把得到妹的「壞男人」，這不是一本很有趣的書嗎？而如果有本書跟你分享「壞男人」的心境，難道不好嗎？站在男性視角，如果書中方法有效，那麼我們究竟要繼續自己的無用追求？還是試著讓自己不再奉獻犧牲？而站在女性視角，我們到底要假裝壞男人不存在？還是去理解壞男人如何吸引自己，進而避開這樣的人呢？

很有趣的是，許多人一看到書裡內容就開罵。但價值觀之所以存在，一定有某個目的。站在溝通的角度，當你理解對方背後的動機，就能用更好的方式與他互動。比起道德的批判，去理解為什麼他的經驗是如此，才是讓自己進步的好方法。這本書要談的正是這件事。也許你還沒翻閱，不太懂紅藥丸，不太懂阿法貝塔，那麼我想給這本書一個簡單易懂，但奧客會揍我的名詞——這是一本讓男人「愛自己」的書。

天啊，你是不是覺得起雞皮疙瘩，這詞放在這裡完全不對啊！請原諒我的刻板印象，我經常看到許多呼籲女性要愛自己的內容，但卻很少看見要男性愛自己的文章。我認為奧客要闡述的道理很簡單：讓自己變得更好、更強，最終得到人生的「自由」。這不就是大家常說的愛自己嗎？這本書的核心概念與上一本無異，就是追求更好的自己，而不是追求異性。

然而畢竟這是本談兩性關係的書，書中許多章節告訴你在現今社會，社會結構如何讓許多男性變得不自由。不過，如果你反過來想，過去許多父權思想，不也是剝奪女性自由來滿足自己嗎？這樣比喻或許有些偏激，我們回到生活日常：小至中午吃什麼、週末去哪裡玩；大至結婚後買什麼樣的房子、如何教育小孩……我們是不是時時刻刻都在進行權力的爭奪呢？用書中提到的觀念來解釋：人與人相處的過程中，有各式各樣的框架。我們都在挑戰別人的框架，也希望不要被他人的框架所困。然而很多時候，我們是不是也身在框架中卻毫不自知呢？

許許多多的問題，這本書都有論述，也許與你的價值觀不合，甚至讓你看到火冒三丈，即使我與奧客的私交甚好，其中也有許多內容我並不認同。但在閱讀的過程中，我從他的思路獲得許多新想法和靈感。

最後，看完本書〈後記〉，我忽然冒了冷汗。我想起有次與老婆開講座時，遇到同學這麼提問：「忘形常有認識別人的機會，又這麼忙，妳會擔心他嗎？」而我老婆回答：

「我每天充實自己，有工作收入來源，也讓自己變得更漂亮，成為自己喜歡的樣子。就算沒有他，我覺得有點可惜，但不屬於我的，我也不會要，我一定能找到更好的。」

這個回答博得滿堂彩，然而你仔細想想：這不就是阿法的宣言嗎？如果妳是女性，我其實更推薦妳看完這本書。我個人認為，覺醒的阿法女，絕對比阿法男更具吸引力。期待大家看完這本書後，都能更愛自己……喔不，是追求生命的「強大」，花時間與精力取悅自己，而非取悅他人。

Foreword

推薦序

Abovelight（AB）

「ＡＢ，我們要一起來扛起這份共業，你可以幫我在即將出版的新書寫序嗎？」這是某次我和奧客在YouTube直播時，他忽然冒出來的一句話，而在此我也要感謝奧客讓我有機會為他的新書寫序，這是我最高的榮幸。

我想你一定是基於某個理由翻起這本書：也許你正面臨感情受挫；也許你才剛被妹子「歸零」（zeroed out）而急於找出答案；也許你因為睪固酮不受控而狂飆，想找本武功祕笈讓自己有打不完的炮；又或許你是正義魔人，生活太閒，到處去找誰在發表「仇女言論」。無論你的理由是什麼，我相信你都可以從這本書裡找到答案。

所謂的紅藥丸覺醒，就是代表你將拔管離開藍藥丸制約的虛幻世界，看清楚兩性動態運作的真相。什麼是紅藥丸覺醒？什麼是拔管？什麼是藍藥丸制約？閱讀此書後會全盤了解。我必須在你閱讀本書之前慎重提醒，當你看到真相之後便再也回不去了，無法刪除或忘卻你看到的真實，就如電影《駭客任務》裡的尼歐拔管脫離母體後，從此必須活在紅藥丸覺醒的世界，無法回頭。

紅藥丸覺醒的知識與社群在英語系世界已經流傳了一、二十年（自我寫此序的二〇二〇年算起），然而就算過了這麼久，紅藥丸的族群仍然占少數，因為沉睡的人依舊居多，而更可惜的是，臺灣還沒有一本像樣的紅藥丸覺醒書籍，直到這本書出版為止。如果你懶得讀英文原典，這本書絕對是你的入門首選。

閱讀的過程中，你會出現一些拔管過程的副作用，可能產生否定、震撼、輕視，甚至憤怒等情緒反應，因為覺醒的過程絕對不輕鬆，過去習以為常的信念被摧毀，本來就不是一件愉快的事情，但我希望你可以放下成見，慢慢讀完。當然，少數人的生活型態本來就是「自帶紅藥丸覺醒」，如果你是這樣的人，那麼這本書會帶給你會心一笑的爽感，讓你了解原來過去自己活出的兩性動態情境原理是這樣。

紅藥丸覺醒，其實是男人與男人之間私底下交換的知識與筆記，是男人們經歷過無數次兩性動態後的內部心得分享，而依照我對現階段主流媒體的理解，這東西很難成為顯學，所以我建議你將本書中學到的知識專注在自己身上，不需要像是發現寶典一般昭告天下，因為並不是每個人都想要被拔管，也不是每個人都想要覺醒。你最多只能幫助那些真正想得到幫助的朋友。許多男人其實不是不願意努力，只是不了解女人的天性與兩性動態的真相，因此在錯誤的信念下打造自己的人生，雖然努力了，但仍然會被真實反撲，在感情世界敗得不明不白。

紅藥丸覺醒的拔管旅程中不是沒有副作用的，你的社交圈可能會起很大的變化，發現再也無法與周遭藍藥丸世界的朋友們相處，如果你太過張揚，甚至會被他們排擠，你的社交圈可能會換了一輪，而這些都是很正常的現象，所以我在這邊先幫你打個預防針。

這趟旅程最艱難的地方還不在這裡，許多人進入紅藥丸世界後，向我反映開始對人生充滿絕望，對於真相帶來的衝擊無法招架，自己的浪漫主義完全被摧毀，看待與女人交往的方式也統統改變，甚至再也無法相信女人。現在的你也許還不知道我在說什麼，你得看完這本書並且親自拔管之後才會有所領悟，只要記得，當你進入這樣的心理狀態，可以回頭看看這篇序。

真正的紅藥丸覺醒並不是也並不會讓你仇女，但若你的心態不正確又是個怨天尤人的魯蛇，那麼你確實可能會開始仇女，而進入所謂的「黑藥丸」。紅藥丸覺醒，是讓你將人生重心回歸到自己身上，把自己的需求擺在最高位（Mental Point Of Origin），而不是把控制權交給別人。當你可以一路披荊斬棘突破到最後的紅藥丸覺醒階段，你會感受到一股前所未有的自由，發覺真正的紅藥丸覺醒是為了讓自己擁有人生最高掌控權。

若你未來在這趟旅程中陷入困境與迷茫，記得紅藥丸覺醒帶給你的不是絕望，而是一股新希望。

目次

CONTENT

Chapter 2

第2章　好男人「貝塔男」與壞男人「阿法男」

Chapter 3

第3章　沒有對錯的「慕強擇偶」

Chapter 4

第4章　周旋於眾女之間的「轉盤理論」

Chapter 5

第5章 該不該進入長期關係？

Epilogue

Chapter 1

Blue Pill vs. Red Pill

第 1 章

醉生夢死的「藍藥丸」與
拔管之後的「紅藥丸」

Rule 1

女本位主義大多只關心女人的利益

「知可以戰與不可以戰者勝」〈謀攻篇〉

要吞服紅藥丸認清世界的假象，一開始其實不是直接拿紅藥丸的種種理論塞爆腦袋，雖然這的確是我打算要做的事，但正如同外科手術一樣，做任何侵入性治療前，要麼先麻醉，要麼來點前戲先潤滑一下，好讓人有點心理準備，不會粗暴地直接毀掉大多數男人賴以維生的信念，盡量做到無痛「拔管」（unplugging）。

順道一說，拔管一詞同樣源自《駭客任務》，電影中脫離母體掌控的人們，會拔掉身上灌輸營養液以維繫生命的管子，自拔管的那一刻起，也象徵擁有全新自主的人生，不再是被母體用來生物發電的「農作物」。所以這本書也沿用拔管一詞，作為吞服紅藥丸之後的覺醒代名詞。

而拔管第一步，要先認清我們身處的世界。

關注女性利益的女本位主義

在藍藥丸的世界，默默影響世界運行走向的，正是標題講的「女本位主義」（Gynocentrism）。女本位主義並不是像極端女性主義者聲稱的追求平等（至少從行為來判斷不是這樣），維基百科對女本位主義的定義其實挺負面的：

「一切唯獨從女性視角出發看待問題的世界觀，一切以女性立場為唯一參考系來評判是非對錯的價值體系，一切僅從女性視角和角度出發的思維方式，一切只為女性利益考慮的思想觀念、行為實踐或行事風格。其帶來的往往是對男性利益的忽視、對男性訴求的貶低、對男性存在價值的否定。」

這裡要先說一下我的立場，我並非反對任何人追尋自己的利益，但追求利益的前提，應不損及他人的利益，正如同我鼓吹現今華人世界幾乎看不見的紅藥丸思想，要男人一肩擔負起保護女人與家庭的天職，享有好處的同時也背負責任。不該透過暴力脅迫或剝削等方式謀取私利，男男女女攜手並進，把餅做大，這才是雙贏。

但女本位主義可不跟你搞雙贏這種理想主義。取而代之的極端意識型態會無限上綱女性權力與利益，卻完全不在乎男人在過程中是否受到剝削，更不用說打壓男人這件事在這年頭已被視為新時代女性的標籤之一。

換言之，女性追求自己利益，或鼓吹女性追求自己利益的相關言論、臉書貼文，會成為政治正確、萬人按讚的好棒棒典範，然而拿掉「性別」標籤後，你會暗罵：「媽的這會不會太扯！」

我誠心建議，主流輿論風向翻轉之前（其實我不覺得會有這一天），要罵就罵在心裡，罵出聲容易被人在臉上蓋上「仇女」印章。你現在知道我是冒著多大風險在寫這本書了吧。

女本位主義的範例

當然，口說無憑，我隨便舉幾個例子，大家不妨在生活裡留意一下，是否有類似情況出現，驗證女本位主義是不是真的存在。

1. 女人可以公開數落男人的種種不是

身為男人的你，一定可以在臉書或ＩＧ這類社群網站上發現類似言論：轉貼兩性專家（絕對不是我）的種種鬼話，說好男人就該是什麼樣子；黯然神傷加楚楚可憐地抱怨，說自己遇到的男人是什麼鳥樣。在媒體的種種閹割下，男人雄風不再，愈來愈沒用的確是事實。尺度合宜的抱怨當然可以，男人要是軟爛不工作只想靠女人吃穿，不要說女人出來嘴，我第一個就跳出來鞭。

然而偏偏有些女人，濫用女本位主義賦予的權力，老愛在自己的地盤公審男人。比如我常看到有些女生，拿在交友軟體的所見所聞，包括男人的種種拙劣開場、糟糕的照片展示加以嘲笑。但說穿了，交友軟體上的男人不過就是不會把妹而已，何必在自己的動態牆上公審人家。諷刺的是，取笑男人的同時，底下還有一票男人跟著附和。而最常來我頻道影片底下留言當酸民的，也是男人。

這種公審行為一多，默認之下會形成一種社交規範，讓男人照著女人所開的標準去迎合她，最終得利的當然是女人，賠掉的卻是男人的尊嚴。

2. 所有影視作品都在標榜浪漫主義

認真觀察目前的電影、綜藝節目、偶像劇……就連動漫作品也一樣，全都在宣傳「為愛而死」的價值觀。通常男主角只配一個女主角，而那些能享受齊人之福的，往往被貼上壞人標籤，至少絕不是好人。

把神聖愛情和英雄主義綁在一起，或許是好萊塢作品的必勝公式，它們塑造出來的浪漫主義讓女人看了開心，而男人會傻乎乎以為這才是女人要的（更直白地說，會以為這是能跟女人打炮的唯一方法），所以紛紛跳入浪漫主義的火坑。

而被浪漫主義洗腦過深的男人，會傾盡所有的一切，將資源全部投注在同一個女生身上，得利的還是女人。

3. 你不能批評女人

要確保利益的最佳辦法，莫過於控制輿論風向，本質上正是種「大外宣」。其中之最，不外乎是將所有男人對女人的批評都貼上仇女標籤，用仇女之名行維穩之實。換言之，只有女人可以批評女人（但通常只有三觀正確的妹子才願意仗義執言），而男人要是想插嘴，哪怕講得再有道理，一定有一狗票虎視眈眈的網路酸民等著幫你扣上仇女的帽子。

然而，以前面第一個例子來說，要是性別反過來，結果可就不一樣了。如果男人在自己的動態牆公開擇偶條件，或數落女人的種種不是，哪怕再有道理，一定會有女性跳出來大肆撻伐，甚至把不到妹的「白騎士」（white knight）也會跳出來嘴個兩句。你會很驚訝地發現：幹，仇女這兩個字簡直是把萬能鑰匙，只要她是女的、你是男的，你對她的種種批評，不論有沒有道理，都能無違和地將仇女貼在你臉上。

要分辨是「仇女」還是「道理」，最直接的方法，其實是撕掉性別賦予的假象。舉例來說，在一般的社交規範下，約會遲到一小時是很扯的事，那為什麼男人遲到和女人遲到（特別是正妹），卻會有不一樣的待遇呢？

尷尬的是，在女本位主義運作下，身為男人的你很難與時代趨勢抗衡，螳臂當車的蠢事千萬別幹，衝鋒陷陣的傻子讓我一個人當，閣下買了書就好好讀它，明白真實世界的運作規律就好。

建議行動｜Action

①從生活裡辨識更多女本位主義案例，但要幹譙就幹譙在心裡，不要隨便跟人討論，更不要蠢到在女生的地盤上留言謾罵。

②遇到任何信仰、價值觀、意識型態，給自己五分鐘的時間思考：如果世界照這意識型態發展下去，最終得利的會是誰？

兵法指引｜Guide

強大的女本位主義雖然難以撼動，但我們要懂得避其鋒，不要正面硬幹，取而代之的應該是從女人的天性著手，雖然看似輸了面子，實際上卻贏得裡子。

Rule 2

別把暖男毒藥當解藥在吞

——「故殺敵者，怒也；取敵之利者，貨也」（〈作戰篇〉）

在藍藥丸世界裡，「暖男」形象正透過媒體和各種影視作品，鋪天蓋地席捲而來，扼殺男人雄風。還被藍藥丸制約的男人，恐怕永遠無法參透為什麼「暖男會扼殺雄風」的道理，總認為這明明是女生最常掛在嘴邊稱讚的形象，照理說應該最適合拿來當作把妹工具才對啊，怎麼會是種自我閹割呢？

事實上，問題就出在「工具」兩個字。目前主流世界提倡的暖男形象不光有違男人天性，甚至有違人類天性。一言以蔽之，要當個暖男，你必須把別人看得比自己更加重要。

暖男症候群

要根除藍藥丸深植在大多數男人腦內的暖男症候群，得先明白毒害廣大男性的暖男有哪些症狀，知道敵人在哪，瞄準的時候才不會誤傷友軍：

1. 大多數時間都在尋求別人認同

或許是教育和社會風氣的關係，我們習慣被人「打分數」，打從國小開始一直到大學，待在學校唯一能夠證明自己的方式就是白紙黑字的分數，就算出了社會，大多仍屬於雇員之類的打工仔，每年要跟考績奮鬥，在年終獎金上苦苦掙扎。這些分數、考績，背後隱含的意義正是「別人的認同」，我們從學校畢業開始，至少已經被洗腦十五年以上，要擺脫這些談何容易。

老是尋求別人認同，你會因此忽略掉內心真實的需求，也不敢挺身而出對侵犯自身權益的事情說不。

2. 害怕衝突

除了教育和社會風氣，儒家的和諧文化也是扼殺男人雄風的殺手之一。追求和諧會讓你事事尋求穩當的處理方式，溝通、感化、講道理、修復關係，這些背負文明外衣卻效率低落的處理方式，因為政治正確，搖身一變成為近年來的顯學，不光相關言論乘風而起，一堆線上課程也搭上熱潮，等著變成下一隻站在風口飛起來的豬。

殊不知，有句話叫「不要最大」。重新拿回主控權，愈敢翻桌、愈敢跟人槓上，對方反而愈容易按照你的要求做事。而且說實話，有些人真的比較犯賤，好好講是不會聽的，一定要拍桌大罵才聽得懂人話。

說真的，衝突與否倒不是重點，也不是說遇到什麼事都要用衝突代替溝通，而是不同情境各有適合的處理方式，有時候還真只剩下「開戰」這選項。暖男因為長期自我閹割，早就沒有面對衝突的野性與勇氣，自然無法駕馭這項利器。

3. 以為當個好人可以拿到想要的東西

人都有慾望，自詡暖男的傢伙也一樣逃不了七情六慾的枷鎖，差別只在滿足慾望的方式比較特別。他們腦袋的思路長這個樣子：

當個好人滿足所有人的要求→可以獲得我要的東西

乍看之下很像身心靈詐騙的狗屁話，但他們恐怕真心這麼認為。我把這條思路換個情境，你就知道我在講什麼了：

滿足妹子的所有要求→她會因此愛上我

這樣是不是清楚多了？不光在情場，職場、商場也滿滿這種傻蛋。更慘的是，就算他們因此碰壁，也不會認為自己腦子有問題，而是做得不夠多、不夠好，直到壓抑過大，真實欲求與自我犧牲之間產生巨大衝突，最後只剩下扭曲一途，輕則內心崩壞，重則化身成恐怖情人，危害眾生。

暖男毒藥會讓你放錯重點，徒勞無功還是小事，可怕之處在於暖男標榜各種「讓對方快樂」的概念，都建立在消耗自身成本上，舉凡時間、金錢、注意力，沒有一個正常人可以無止境承受這種消耗。

暖男文化的源頭

除了知道暖男症候群的特徵，還得提防生活裡或網路上偷偷把暖男毒藥放進你嘴裡那隻看不見的手，要用嚴肅的態度加以面對，否則就算知道暖男毒藥存在，一不小心還是會被洗回去。

第一個源頭是那些教男人把妹的女人。女人教把妹、兩性相處、婚姻關係，通常只會把重點放在「舒適感」上，讓人感到舒服正是暖男的拿手好戲。殊不知，**舒適感可是摧毀誘惑吸引力的頭號殺手**。也就是說，照著女人的建議去當個暖男，你只會變成她的閨密、好朋友，但永遠無法讓她愛上你。

除非你真的想跟對方當朋友（比如不小心睡了她會讓你的事業砸鍋），否則千萬別當個暖男。

第二個源頭則是那些只會當暖男的男人。他們可能有段十年以上的長期關係，但長期被馴化成馬子狗，早就失去吸引女人的能力，對他們來說，面對女人的選項只有一個：讓她們感到快樂與舒適。對方明事理、三觀正確（別以為很容易遇到），在長期關係或許行得通。但大多數情況下，這種男人對女人早就失去吸引力，還是那句話：舒適感是摧毀誘惑吸引力的頭號殺手，只用舒適感去維持長期關係，男人對女人只剩下親人或家人這兩種路線，不再是那位曾經讓她臉紅心跳的霸氣男子漢。

偏偏對一堆把不到妹的宅男而言，看到有個能跟女人相處十年的暖男在網路上大放厥詞，會以為這才是把妹的聖經，再加上正妹們對暖男文化的各種讚揚，沒有經過紅藥丸覺醒的洗禮，你很難不被洗腦成暖男。

乍看之下，要擺脫暖男困局的方法，似乎是化身成只關注自身利益的混蛋（jerk），照現實狀況來看，當個混蛋的確比當個可悲暖男要容易把到妹，但真要我說的話，我會建議大家在心態上當混蛋就好，但行為上仍舊要注意生態平衡，如此一來才不會四處結仇，順便廣結善緣。

我的意思是，**在不損及他人利益的前提下，極大化自己的利益**。就算你想幫助別人，也應該是滿足自己的需求後，行有餘力再來做的事。這不是道德勸說，而是精心計算的利益考量。再怎麼說，人生姑且可以看作一場無限賽局，長線思考總是必要的，趕快殺死你心中的暖男吧。

事實上，暖男一詞與藍藥丸世界裡的**「貝塔男」（Beta）**有著巨大關聯，而比較正派的混蛋，則是紅藥丸覺醒的**「阿法男」（Alpha）**，我會在往後章節對這兩種男人進一步解說。

建議行動｜Action

① 仔細審視內心的價值觀，如果可以，替它們排序，會更清楚知道自己要的是什麼，而不是人云亦云，被政治正確的主流價值觀牽著鼻子走。

② 思考一下，如果女人誇獎你很會把妹，那你是真的會把妹？還是只能提供舒適

感，讓她覺得你好棒棒，是條可愛又無害的乖狗狗？

兵法指引｜Guide

正如同戰場上要用利益與憤怒驅使士卒，我們也要坦承面對真實的慾望，用它們激勵自己學習能夠達成目標的正確知識。利益才是真的，沒有利益作為基石，所有的行動都撐不久。

Rule 3

男人的跪舔會嚴重破壞兩性生態

——「故上兵伐謀，其次伐交，其次伐兵，其下攻城」（〈謀攻篇〉）

「跪舔」兩個字，不光指極度自我矮化的犧牲與奉獻（大部分男人都熱中於用這種方式把妹，也只會用這種手法），也包括許多暗示女性為尊的行為，最典型的一種，莫過於隨便一個正妹在粉專或ＩＧ發個討拍文，底下還真的會有一票男人紛紛留言表達關心。

更不用說，每到重大節日，都有一群活在藍藥丸世界的貝塔男準備禮物告白，可以預期，當然是被打槍的下場。而這一切，都是有原因的。

為什麼跪舔會成為藍藥丸的主流把妹手法？

自從女本位主義躍居成為世界潮流後，資本主義發現，刺激女人對物質享受的慾望需求反而可以讓她身旁的男人買單。也就是說，即使在這世界上男人掌握大部分的權力與經濟資源，但只要女人在他耳邊吹兩口枕頭風說「北鼻我想要」，活在藍藥丸世界的男人還真會雙手奉上一切，就差沒把天上星星摘下來給她。名牌包和奢侈品相關產業，永遠會在情人節或耶誕節等重大節日炒作一波、大撈一票，看似賺女人的錢，其實背後付錢的是男人。而且，還不一定是現任伴侶，有更高的機會是甘心犧牲奉獻的工具人，或是嚴重被藍藥丸洗腦的貝塔男。

女本位主義衍生出的產業鏈可不僅僅這樣，媒體業也必須趁此熱潮賺進大把流量，才有籌碼跟品牌廠商談廣告賺業配。所以各種商業炒作，透過媒體的推波助瀾與網路的散布威力，搞得耶誕節不帶妹子去吃個大餐就會被判殺頭大罪一樣，母胎單身男也會頭腦發熱，連帶以為要帶妹吃飯加告白才能脫單。

資本主義與女本位主義一合流，男女互動的真實規律就被徹底隱藏在鈔票底下了。

「性」是男人最強大的驅力

除了資本主義做幫兇，男人自己也在一開始不小心走上歪路。一般而言，男女雙方會在十七歲左右情竇初開，因為荷爾蒙開始運作，發展各自的性徵，女人的身體曲線愈來愈明顯，而男人則是聲音變粗、肌肉變發達。

男女雙方在兩性市場的價值看似開始成長，但成長速度卻讓人意外：女人的性價值因為外貌開始成熟，像天天漲停板的股票一樣大幅飆升；男人的外貌雖然也逐漸成熟，但性價值有很大一部分取決於自身成就，一個十七歲的屁孩是能有什麼事業成就（除了富二代或星二代）。所以，打從一開始就是一場極度不平等、女尊男卑的戰爭。

你永遠會看到老男人花大錢包養高中女生，卻幾乎看不到女人對高中屁孩有興趣。

性價值不平等的情況下，現階段的女人對身邊的屁孩自然興趣缺缺，偏偏男人的性需求在此時浮現，於是他們只剩下一招來獲得女生青睞，正是媒體教的跪舔。這一跪舔可能長達數十年之久，如果沒有紅藥丸覺醒，有很大機率連結婚後都在跪舔，舔到深處無怨尤。

跪舔文化對女人的影響

跪舔文化看似對女性有利，但長期來看會嚴重影響日後擇偶的三觀，把優質男人拱手讓人：

1. 社群網站的出現助長女人被跪舔的氣燄

這本書是二〇二〇年出版，目前年輕妹子愛用的社群軟體是ＩＧ，也許幾年後會被其他社群網站取代，但一樣會助長女人被跪舔的氣燄。說穿了，社群軟體的粉絲數成為女生追求的目標，男人的追蹤、留言，這類甘心淪為粉絲的種種行為，會放大她對自身性價值的評估，自認為是女神。藍藥丸貝塔男要跪舔女人我能理解，但什麼妹都照舔不誤，我也是醉了。

2. 女人以為男人就是要跪舔才有資格當自己的伴侶

於是乎，女人氣燄增長之後，特別是從年輕就被跪舔長大的妹子，會真心相信跪舔才符合自己的擇偶標準。也就是說，如果她想結婚、想找長期關係（這個前提很重要），只會從跪舔自己的口袋名單裡挑一個比較順眼的。

我的意思是，女人在跑趴玩樂階段的確會被高大帥氣的阿法男吸引，但想定下來時，卻永遠只想找藍藥丸跪舔男。就算真的結婚，打從一開始就對這男人失去景仰，甚至蔑視，這種長期關係最後一定無法長久。

3. 優質的阿法男絕對不會跪舔

一個有生活目標、對人生有主導權的阿法男，特別是在紅藥丸覺醒之後，更不可能對妹子跪舔。一旦發現這妹子甩態擺譜等人跪舔，便會祭出男人對女人最有用的一招：收回關注。沒錯，既不是惡言相向，也不是講啥measure道理，而是冷處理、擺著，將心力轉向三觀正確的妹子。

那妹子呢？很顯然，沒有關注，她就沒轍了，既無法死纏爛打，也無法冷靜思考跪舔男帶給自己的錯誤三觀。她也許因為男人跪舔而收了好幾臺iPhone，卻壓根兒想不到看似爽到自己的跪舔文化毀了擇偶之路。

更何況，並不是每個肯跪舔的男人都是好欺負的純情貝塔男，有些渣男也深知女人的這類弱點，同樣採用跪舔策略接近，最後騙炮得手，直接閃人。渣男最多的就是時間了，為了睡妹會無所不用其極，把時間花在把妹上，與紅藥丸鼓勵男人追求事業是兩回事，千萬不要把這些情場看似順利的渣男當作紅藥丸的一分子。

紅藥丸阿法男都很清楚，三觀不正的妹子自然有藍藥丸貝塔男去收，犯不著自己站第一線把怪扛在身上，主坦永遠是最吃力不討好的，交給別人來做就好，不需要親身犯險。

可惜，紅藥丸的種種策略與做法，在女本位主義下無法替資本主義帶來利益，自然不被媒體喜愛，無法登上檯面。要是男人不跪舔，誰來花大錢送禮，各大品牌又要靠什麼吃穿。在女本位產業鏈底下，犧牲的永遠是藍藥丸貝塔男的利益。

建議行動｜Action

①從今以後，不再對感興趣的妹子以任何名義送禮、接送，直到你們進入關係後，再給這些福利。

②觀察ＩＧ等社群軟體各大正妹帳號底下的留言，試著判斷哪些妹子是跪舔文化的受害者，同時警惕自己，遠離這種妹子。

兵法指引｜Guide

對妹子跪舔，絕對是《孫子兵法》裡最不該使用的攻城下策。明明妹子已經習慣被跪舔，早就被這群蒼蠅弄得不堪其擾，也知道所有應對方法，你還順著她跪下去把舌頭伸出來，下場絕對只有慘而已。

Rule 4

沒有真愛，只有性價值鐵三角

——「凡戰者，以正合，以奇勝」〈兵勢篇〉

這標題一寫出來，不光是藍藥丸世界的暖男們會一起心碎，女生也會跳出來指責。順道說個題外話，據我跟女人互動的心得，她們聽到兩性互動中過於殘酷的真相時，抱持否定態度是可以預期的。但她們常認為，一個人之所以講出如此現實又血淋淋的真相，是某段感情受傷過深，導致不相信愛情。至少，她們總是宣稱自己相信愛情。

至於我們男人，心裡可是要搞清楚兩性互動的真實規律，理智清明地看穿愛情的假象才是。

「真愛」的洗腦

電影、影集、偶像劇、動漫、文藝小說等，你想得到的各種媒體，全都在宣揚「真愛」教義，男女主角一定是一夫一妻制的忠實擁護者，養後宮過爽日子的統統被貼上壞人的標籤。久而久之，自然會把好人英雄與真愛劃上等號，而亂搞女人或不相信愛情的，不光是女人會指責，社會文化的洗腦會讓你感到羞愧，產生自責罪惡感。

真愛的洗腦可以追溯到幼兒時期，也就是說，如果你今年三十五歲，自三歲開始聽父母講故事伴隨入眠起，已經被真愛洗腦了三十二年，真的只能用根深柢固來形容。被真愛洗腦的結果，就是完全不顧兩性市場的真實價值，一味相信「愛我就要愛我的一切」這種幹話。

兩性市場價值

在紅藥丸世界（或者你要說真實世界也無妨），用來評估男女在兩性市場籌碼的，正是**「兩性市場價值」(Sexual Market Value, SMV)**，在這本書裡，我姑且用「性價值」做簡稱，眼尖的讀者朋友說不定已經發現，上一個法則已經提到它的存在。

事實上，性價值才是決定男女互動的一切，性價值高的一方自然擁有話語權，能在兩性市場裡呼風喚雨，各種交友管道，從婚友社、快速約會、相親、社交場合，到交友軟體，所有你想得到的互動，統統由性價值決定。我還是那句話：沒有真愛，只有性價值。**所謂「真愛」，是其中一方一直能保持自身性價值，讓對方離不開自己。**

以男人來說，性價值鐵三角主要由三樣東西組成：**外貌、金錢、社會地位**。沒了，跟你個性好不好關係不大，是不是暖男也完全不重要，只要展現出來的性價值高，女生就會喜歡你，搶著跟你約會。

外貌不用說，長得帥當然吃香，這也是我鼓勵男人上健身房的原因，把身材練好可是直接在性價值加分，堪稱最划算的一件事。至於金錢，恐怕有人以為只要有錢，妹就會貼上來，這句話只對了一半，我會在第二章講貝塔男的時候解釋這個概念。

最值得一提的，其實是社會地位。人類雖然號稱擁有文明社會的種種規範，但骨子裡還是服膺動物世界階級那套，女人始終會不自主地被強者吸引。遠古時代強者的定義是肌肉大、會打架，而文明社會則是透過服裝或名車包裝，用社會地位來宣告自己的強者地位。這也是紅藥丸要求男人去追逐事業理想而別去追逐女人的真正原因。男人在事業上闖出名堂，性價值自然就高，女人追逐強者的天性會使她不自覺被這種男人吸引，就算這種男人沒有學過把妹，有事業作為基底所展現的氣場，正是男子氣概的呈現方式之一。

這也是為什麼我在前一個法則提到，男人在學生時代性價值低落。一個屁孩是能有什麼事業基礎，錢是父母給的，要打工也賺不了幾兩銀子，唯一能跟性價值扯上關係的只剩下天生長相，偏偏帥哥這種生物，在每個國家都一樣，向來是屬於少數人才有的得天獨厚利器。

雖說真正重點在社會地位，但不代表擁有社會地位就能有好的長期關係。能一直讓女人景仰、挺身而出領導女人，藍藥丸世界的真愛才會存在。說穿了，就是性價值始終維持高檔不墜。

性價值公式

關於性價值，除了前面講的性價值鐵三角，我在自己的部落格提出另一個公式：

男人性價值＝〔（1×地位成就）＋（0.5×外貌）＋（0.5×個性）〕×女人以為你有很多妹

在我的直播頻道講到外貌、金錢、社會地位這三樣時，不少朋友私訊問我：為什麼會跟先前部落格文章的公式不太一樣？我在這順便解答一下。

性價值鐵三角堪稱男人在兩性市場上的籌碼，指的是實打實的硬價值，把一個男人攤在桌上，鐵三角會真實呈現，沒有爭辯空間。然而，性價值公式則是女人所感受到的主觀認知，一個擁有強大性價值鐵三角的男人，理論上只要不出包，就會有一票妹子簇擁而上。但只要自己犯蠢，女人根據性價值公式判斷其性價值低落，他一樣把不到妹。這就是學習兩性互動的價值，與其說是學把妹，其實是在學「如何避免犯低級錯誤」與「不至於跟妹子差太多的社交直覺」。

但是，在藍藥丸貝塔男的認知中，會認為愛情是生命裡的一切，有個願意與自己長相廝守的妹子，當然要感念女神的皇恩浩蕩，說什麼都要把她的需求擺第一，哪怕她要你放下工作和拚事業的衝勁陪她，貝塔男也在所不辭。

再加上藍藥丸世界普遍有一種觀念：只要把到妹、交女朋友，甚至結婚，就該自廢武功，不該再有狩獵行為，反正也不需要繼續在兩性市場打拚了，不必把自己弄得太帥。最常見的一種狀況是，男人放任自己發胖、肥肉橫流，再把一手打拚的事業、金錢都投注在女人身上，最後因為性價值低落而被嫌惡拋棄，「歸零」（zeroed out）出場。

可別以為這不常見，在男人性價值處於巔峰時娶到正妹嬌妻還很好理解，但步入婚姻後放任自身性價值下降，最後性價值歸零而被掃地出局，可是這個社會不會主動告訴你的真相。在女本位世界裡，離婚通常是男人的錯，不會有人告訴你這和性價值低落有著強烈正相關。

性價值開高走低而被女人鄙視，是必然發生的事，只能期待對方是個人品好的妹子，你所期望的那種不離不棄的「真愛」才可能發生。

建議行動｜Action

①到我的部落格閱讀「吸引力總論」系列專題。
②到我的頻道收看「為什麼20%男人可以跟80%妹子約會」直播影片。

兵法指引｜Guide

顯然，男人的性價值鐵三角屬於正兵，而女人所感知的性價值公式則屬於奇兵，如果你學好我的上一本書《壞男人的孫子兵法》，一定可以輕鬆領略「正兵強，奇兵才會跟著強」的道理。至於兩性市場裡標榜的真愛，不妨看作兩軍交戰所訂下的紙上條約，你會發現，吃虧的永遠是老老實實守條約的一方，而忽略「實力才是硬道理」的鐵則。

Rule 5

真命天女症是非常不健康的兩性關係

「故善戰者，致人而不致於人」（〈虛實篇〉）

「真命天女症」（ONEitis）是我們的老朋友，不光在各種教把妹文章和影片會聽到它，往身旁男人望過去，大概十之八九是真命天女症患者。在影劇、媒體、奢侈品牌這類「愛情產業鏈」的鼓吹下，真命天女症如同附骨之蛆，毫不客氣地腐蝕絕大部分男人的身心，你得花一段時間飽經歷練，或者運氣夠好讀到這本書，透過紅藥丸覺醒才能遠離真命天女症。

真命天女症的定義

我們講點人話好了，真命天女症一詞多半只會在把妹達人（ＰＵＡ）圈裡流傳，然而在藍藥丸世界裡，真命天女症可是有個響噹噹的優雅代名詞——靈魂伴侶，意思是每個人一生當中，就像塊拼圖似的，有個與自己完美契合、靈魂連結、天造地設，而且絕對不容質疑的「另一半」[3]。而此生的任務，就是把這個女生找出來。

我沒在跟你唬爛，很多男人的腦袋真的長這樣，再加上前一個法則講的真愛洗腦文化，真命天女症通常只會愈來愈嚴重。除此之外，華人價值觀又強烈鼓吹成家立業，好像沒娶老婆會被貼上魯蛇標籤。在家庭、文化、媒體三重夾擊下，能夠擺脫真命天女症的男人可說是鳳毛麟角。

藍藥丸世界的真命天女症（又或說靈魂伴侶迷思）毫不掩飾地告訴你，人生需要有另一個人才算完整，甚至要以這個人的需求為優先，自己想要的只能先擺到一旁再說，無止境去成全對方的需要。

真命天女症的問題

只有在一種情況下，罹患真命天女症可以獲得「善終」：你把得到這個妹，而她剛好又是長得正、人品佳、三觀正確的好妹子。有些暖男網紅可能運氣好，把到這樣的妹子，卻把特例當常態，告訴你跟妹子相處就是要以對方需求為優先，真是教壞囝仔大小。大部分情況下，真命天女

3 很多女生也用「另一半」來稱呼自己的老公，事實上，多數女生也有著強大的靈魂伴侶迷思。

症只會讓你有以下問題：

1. 無法停損

除非你是周杰倫、五月天阿信這類頂級阿法男，不然像我們這種市井小民把妹從來就不會百發百中，一定有得有失，在中與沒中之間學習成長。此時成本與風險控管顯得更加重要，你必須第一時間判斷這妹子是不是有譜，把資源投注在適合的標的物上。

然而，既然都認定對方是真命天女了，你又怎能背棄套在自己身上的枷鎖，任意轉換目標呢？

2. 蒙蔽雙眼

當真命天女症上身，你會無止境放大心目中女神的優點，卻對她的缺點視若無睹。**能意識到「缺點」，是關係裡非常重要的一環**，就算是交炮友這類的短期關係（別以為只想交炮友的人就不會有真命天女症），能夠把對方缺點納入考量要素，才能在她的美好肉體與缺點之間（比如個性極差的大奶正妹），認真權衡利害。

3. 自我壓抑加矮化

今天如果你的女神想吃高檔牛排，你卻只打算吃個魯肉飯打發晚餐，我敢說你一定會忍氣吞聲，帶她去吃她想吃的東西，付錢的當然是你。其實一旦把她放到女神的位置，哪怕嘴巴不說，你的肢體動作、語氣、微表情都會產生奇妙變化，以女人比男人敏銳幾百倍的社交直覺，要察覺你的自我矮化簡直輕而易舉，你也將失去男子氣概，對她而言不再有吸引力。

事實上，多數藍藥丸貝塔男的真命天女症，通常被當作把不到妹時拿來自我合理化的藉口，時間成本丟下去了，連小手都沒牽到，多半只會握拳對自己說：

「她一定是我這輩子的真命天女，一切都是上天給我的試煉。」

說穿了，這些貝塔男只是沒有別的選擇，於是把真命天女或靈魂伴侶掛在嘴邊，不論在精神上還是物質上，任她予取予求。

長期關係的真命天女症

前面講的屬於吸引階段，一般的把妹課或兩性文章大概只講到這了，畢竟他們只管脫單，哪怕你脫單後被馴化成馬子狗，那也是你家的事，極少有人談到交往後或結婚後的真命天女症。但這在紅藥丸世界裡卻是極為重要的主題。

貝塔男……不，應該說這是華人世界裡獨有的壞毛病，結了婚之後開始以家為重，極盡所能維持家庭和諧，執著到幾近盲目的地步。我的課堂上，有好幾個學員朋友問過我：如果老婆或交往多年的女友對自己愈來愈冷淡，該怎麼挽回這段關係，讓她重燃熱情？

即使女人的行為已經荒腔走板，一手掌握家中大權不說，還疑似掏空男人公司的錢往娘家裡搬，這些純情傻子男依舊有著同甘共苦的傳統美德，認為夫妻就是要同心，自己的財產就是要與老婆共享，放任已經變心的老婆，一點一滴吸乾自己的財產。在他們心裡，老婆仍舊是當年事業低潮時對自己不離不棄的純情小女孩，哪怕早就被名利汙染，結婚之後的真命天女症會讓他們對所有徵兆視若無睹，放任她敗光家產。

要澄清一下，我並不是否定「不離不棄」這些傳統美德，我始終認為以男人為首的家庭是維繫社會安定最重要的力量，但這一切都建立在兩個前提上：

① **男人要能領導女人。**

② **女人的人品要好。**

這兩個前提成立，男人的責任感才能發揮最大效益，在理想、事業、家庭上取得最好的平衡，連帶達成三贏。總不能要男人在前面打仗，還必須擔心背後是不是有人放火吧？被真命天女症洗腦，遇到三觀不正的妹子還死腦筋地不離不棄，這種婚姻到最後通常是男人被歸零出局。

在紅藥丸的感情世界觀裡，有好女人，也有壞女人，但絕對沒有非她不可的真命天女（這是我在〈後記〉提到的紅藥丸經典《The Rational Male》裡讀到的金句）。

建議行動｜Action

① 摸著良心，在最喜歡的妹子身上找出三樣缺點，不用多，三樣就好，大便是臭的也算。你看，我已經幫你找到一樣了。

② 檢視一下手邊的把妹資料，如果有哪個宣稱可以幫你把到此生最愛的妹，或完美伴侶之類的同義詞，聽我的勸，扔掉它吧。

兵法指引｜Guide

有了真命天女症這種壓抑自身需求、以女神為尊的不健康想法，不光是起心動念，連行動也處處受制在他人之下，完全處於被動。你應該反過來以自身需求為優先，多認識妹子或專注在事業與興趣上，分散得失心，如此一來，在兩性互動的格局裡才能掌握主動權，致人而不致於人。

Rule 6

脫單不是終點，而是戰爭的開始

——「以治待亂，以靜待嘩，此治心者也」（〈軍爭篇〉）

「脫單」兩個字可是折煞眾多阿宅的心，許多母胎單身到三、四十歲的男人，終其一生念茲在茲的，還真只有交女朋友而已。找個活生生女人來分擔一下左右手的繁重工作，看似簡單的小確幸，對他們而言卻是遙不可及的夢想。

的確，對缺乏狩獵能力又不懂遊戲規則的男人來說，任何標榜脫單的課程或書籍，至少都有一定市場。我不知說過多少次，男人是種被性驅動的生物，為了解除性飢渴而不惜跪舔妹子，到各大直播平台的聊天室走上一遭，一定可以看到男人的墮落。砸大錢買廢書、被無良又昂貴的身心靈課程糊弄、抖內直播主，買的不過是脫單的夢。

但脫單之後所發生的事，恐怕就沒啥人討論，甚至我敢說，也沒人在意男人脫單後的種種慘狀。目前的主流輿論風向，仍舊將能把到妹的男人視為既得利益者，卻一點都不在意男人脫單之後種種生活型態的轉變，哪怕根本就失去男人該有的尊嚴。

要脫單其實不難

小標題寫這樣，說不定會讓很多母胎單身的人白眼，心想：媽的老子努力到現在始終無法達標的事，你居然在一旁講風涼話？事實上，只要懂遊戲規則，會發現這真的不是一件難事。

簡單說，只要等到妹子年華老去想結婚，選對年齡層作為自己的主戰場即可。就算什麼都不幹，完全不想努力累積知識，兩手一攤放任事業擺爛，也不認為上健身房可以大幅提升吸引力，那就等吧，排隊領號碼牌也是有機會脫單的。

但要提醒大家，這種讓你「等」到的妹子通常不會太優。畢竟三觀正確的正妹，早在第一手婚戀市場被事業有成、具備高檔性價值的紅藥丸覺醒阿法男選走。所以如果閣下真的不挑，也不肯在自身性價值下工夫，又甘心交往後任她使喚，那就等吧，總有一天可以等到的。

話又說回來，我在很多把妹課程底下看過許多感謝留言，內容不外乎是感謝講師教會自己知識，讓自己成功脫單，而講師的回覆也多半把脫單當作彼此共同的終極目標，甚至告訴學員，脫單之後忘掉這些知識，交到女朋友後就該自廢武功，不再狩獵。

相幹容易相處難

不論你接觸任何一家把妹流派，他們幾乎只負責把你送上妹子的床，但交往之後的相處可不管了，人生主導權從此被妹子拿走，也是你該找心理師或婚姻諮商煩惱的事，你得把金流轉換到另一個產業鏈，把妹課的服務可沒這條。

但這件事，在紅藥丸理論體系裡可是一大重點，而這一切，都與男人的「框架」（Frame）有關。框架一詞，在我上一本書《壞男人的孫子兵法》有明確定義，這裡先幫大家複習一下：**所謂框架，指的是兩人之間的互動模式，言行舉止背後所傳達的潛在意義。**男人進入交往與婚姻這類長期關係最大的問題，就是失去原有的框架。

以現今趨勢來說，多數男人把婚姻當作人生終極目標之一，不管是脫單還是走入婚姻，都該從狩獵模式轉成維穩模式，盡心盡力去呵護得來不易的關係。就算因此完全變成馬子狗，女本位世界裡還是會有一票人為你的自宮行為喝采。這種自宮行為，說穿了就是捨棄自己的框架，一旦捨棄框架，女人對你的景仰將蕩然無存。更進一步說，框架不僅僅如前所說是兩人互動的基礎模式，也是男人吸引力的關鍵。

很多男人在把妹階段因為專注事業、意氣風發，理想的衝勁使他無暇關注妹子，除了工作上逐步累積的性價值，「沒空把妹」這一點更顯示自己的稀缺，對妹子已讀不回是生活日常，看在女生眼裡，這根本是典型的阿法特質，於是各個前仆後繼，要麼暗示做球，要麼乾脆投懷送抱。此時此刻，男女互動的框架是「我是主，妳是從」，女人必須向男人證明：為什麼你應該選我而不是其他女生？在這框架底下是女人討好男人，正確的男女互動就該如此。

然而，交往或結婚之後，一切會翻轉過來。女人開始反過來要求安全感，開始轉貼什麼「愛我就是要讓我安心」這種廢文，再加上男人通常有著前一個法則講的「婚後真命天女症」，會將心力放到滿足女人需求上。於是，男人的重心將不再是自己的事業、理想，雄心勃勃的眼神不再，取而代之的，是溫和的暖男眼神，是搖尾乞憐的馬子狗模式。為了維護關係，男人會選擇捨棄框架，更甚者，連尊嚴都不要了。

女人永遠不會告訴你的真相：**需要與其他女人競爭的不安全感，才是男人吸引力的來源。**

再者，很多華人都有著「婚姻是另一種階段」的觀念，先不說女人，就男人來說，這種話暗示著要放棄理想。我在課堂上遇過不少學生說很遺憾婚後才來上我的課（雖然我明明寫著婚後別來，會嚴重毀壞三觀），對他們而言，課堂上種種風花雪月的案例，只能是年輕時的瘋狂，一旦走入婚姻，這些只是用來緬懷的過往雲煙，完全與自己無關。你看，如果一個男人抱持放棄狩獵的自宮心態，是要怎麼重拾當年讓女人傾心的雄性魅力呢？

這一切，也包括男人婚後不再上健身房運動、不控制飲食、放任身材走樣讓吸引力下降。對，或許男人的確是個好老公，的確滿足女人開口提出的每個要求，但卻沒有意識到自己的吸引力愈來愈低，女人看你的眼神早就從景仰變成蔑視，你們的長期關係已經通往地獄而不自知。

紅藥丸所點明的這種現象，在主流世界裡叫**「婚內失戀」**。對，婚內失戀的原因，就是男人自己放棄框架。不要去怪女人不講道義，怪就怪你自己捨棄框架吧。

建議行動｜Action

① 趕快去報名健身房，培養每週二到三次的運動習慣，然後堅持下去，不要因為把到妹就停止提升自身吸引力。

② 把理想與事業的權重擺第一，妹子擺第二。如果交往後妹子吵著要你犧牲衝事業的時間陪她，請溫和地無視，你會發現妹子將因此更加愛你。

兵法指引｜Guide

一般而言，如果你在吸引階段真的喚起妹子的真實慾望，代表你的主從框架操作得宜，優勢在你手上。進入長期關係後也要清楚這一點，維持框架的穩固，以治待亂，以靜待嘩，切莫因為妹子吵鬧、索取安全感而將框架優勢拱手讓人。

Rule 7

自信來自擁有其他選擇

「故用兵之法，勿恃敵之不來，恃吾有以待之」（〈九變篇〉）

許多人初識紅藥丸理論，可能會興致勃勃以為這又是哪一個新的把妹流派，看看能不能找到全新的靈丹妙藥，來解決身上抗藥性十足的萬年母胎單身。事實上，紅藥丸理論結合大數據與人類學視角的觀察研究，從小打小鬧的兩性互動，昇華成高層次的「人生決策學」，比任何一個把妹流派都猛多了。

其中一項屌打各大門派的，是對「自信」的詮釋。

這些把妹流派裡，不管你師從哪一門，一定會告訴你自信的重要，有自信才有氣場，對妹子講幹話也可以虎虎生風，把她唬得一愣一愣的。不光把妹流派這樣教，一般的社交課或溝通課都號稱有各種方法幫你重塑自信，彷彿只要用了這方法（其實是買他們的課程），自信這項能力就像騎腳踏車一樣，學會之後再也不會忘記。

是的，自信的確很重要，不光把妹需要它，在職場與人互動也需要藉由它提高溝通效率，甚至贏得他人尊重。但要獲得自信，絕不是像大多數課程或書本所宣稱，光改變腦袋想法就能得到，誤信這種想法，我敢說你絕對被當成掏錢不眨眼的盤子，而且會一直魯到天荒地老。

心靈毒雞湯蒙蔽你的雙眼

心靈雞湯恐怕是華人圈最愛的主流題材，我自認這本書恐怕無法登上主流暢銷榜，很大原因來自我堅持跟主流對著幹（苦笑）。要先說，我並不是反對心靈雞湯能替自己打氣、重拾鬥志，它的確是幫人從低潮谷底爬起的絕佳夥伴。我反對的是，宣稱「只要你願意改變想法，全宇宙都會來幫你」的這種毒雞湯。

我判斷毒雞湯的定義很簡單：**如果你上完這門課或讀完這本書，無法幫你意識到改變的責任在自己身上，卻總宣稱只要轉念一想就能擁有自信，那就是毒雞湯無誤。**

就我目前看來，市面上的毒雞湯大概有以下兩種形式：一種是宣稱上了他的課就能擁有自信，把自信包裝成商品，用對價關係賣給你；另一種是你完全不用在生活裡做任何改變，只要重塑價值觀，妹子看到你會重燃慾望，錢也會從天上掉下來。

即使講師說話畏畏縮縮、身材乾癟、眼神空洞，還是可以用各種話術把自信賣給你，真的只能說臺灣人好騙難教。

這類毒雞湯有兩個共通點：

1. 簡單易服用

你完全不用付出任何努力，只要卡刷了，花個一兩天上課或讀書，事情就結束了，比起在現實生活裡上健身房運動或打拚衝事業都要簡單。生意人怎麼可能讓消費者覺得麻煩，當然要想盡辦法縮短流程，大家付錢才會迅速又甘願啊。

2. 無法驗證

說實話，自信這詞非常虛幻，你只能說這人說話很有自信，但卻講不出個依據來，只能像妹子一樣用「感覺」兩字來總結。所以你上完這些課，整個人看起來仍跟臺上講師一樣氣場委靡不振，他們還是宣稱你已經獲得自信，成功改變人生。

不光是從紅藥丸角度，從務實角度來看，要判斷自信與否的原則非常簡單：**面對任何人事**

物，除了眼前選項，自己是不是有其他選擇。

不要最大

所謂大道至簡，愈至高無上的真理反而愈簡單，小標題這句耳熟能詳的話，能做到的男人卻寥寥無幾。以面對妹子來說，能做到不要最大，幾乎已經成功一半了。但這句話對許多男人而言實在難以置信，很多人常問我：媽的，跟我說什麼不要整天想打炮反而能真的打到炮，這太反直覺了。

對一般人而言，恐怕窮極一輩子都無法想通這道理，我簡單舉聊LINE為例，大家會更加清楚。

跟妹子聊天被已讀不回，恐怕是許多男人揮之不去的揪心噩夢。訊息發出去妹子已讀，等了三五天卻不見回應，這種心情絕對讓人難以忍受。不妨換個角度想一下，如果今天聊天對象是個外貌讓你提不起勁的妹子，你會擔心已讀不回的問題嗎？你可能會禮貌回覆她，但絕對是碰巧想到，剛好心情好，回了之後也不會再點開來看對方是否已讀，因為你壓根兒對她沒興趣，該擔心已讀不回的，其實是妹子本人。

這就是已讀不回的力量，你愈不需要她，就愈有主導權。

但這件事情對藍藥丸世界的貝塔男並不容易，光是信念就卡關。暗示真命天女症的「從一而終」會大幅限縮男人的選擇，選定目標後，只能集中火力進攻，失去選擇的力量，像衛星似的成天圍繞在同個妹子身旁，照三餐問候也就算了，被已讀不回還會惱羞成怒罵妹子沒禮貌。

按照前面毒雞湯講師的做法，會跟你說只要轉念一想啦，不要理她就好，話雖如此，人的慾望何其強大，要戰勝自身人性談何容易，根本是站著說話不腰疼。正確做法是，讓生活裡出現更多願意與你互動的正妹。簡單講，你回覆其他妹子的訊息都忙不完了，哪有空去看自己的訊息是不是已讀？

男人的格局取決於願不願意對自己負責

有次我在獵女課堂上跟一位學員朋友聊天，他提到，自從接觸紅藥丸理論後，會開始用健身與否作為判斷男人格局的依據，當然不是說不健身就注定是魯蛇，只是健身畢竟是願意打理身材的最佳指標，把一件事做好做滿的堅持與毅力，本就是衡量男人成就的最佳依據。

這位朋友也跟我說，他在生活中常與男性友人分享紅藥丸相關資訊，但能接受這種「偏激」

思想的，通常是願意上健身房鍛鍊、會打理外貌、懂得自我負責的男人，與紅藥丸所提倡的反求諸己可說是一拍即合。而那些沉浸在藍藥丸世界，認為無止境付出就該獲得回報的貝塔男們，即使處於糟糕的長期關係中，對這類真知灼見仍是嗤之以鼻。

話說回來，沒有運動習慣的朋友可能會問：媽的是不是真的啊，只不過是上健身房運動而已，會差這麼多？不唬爛你，就差這麼多。上健身房運動讓身材變好，能從基因層面喚起女人的慾望，不用花多少錢（要花時間就是），卻可以大幅提高跟妹子約會的機率，扎扎實實讓你擁有更多選擇。

建議行動｜Action

① 打開你的通訊軟體，數一下常聊天的妹子有幾個，如果只有一個，甚至沒有，請想辦法開源。

② 閱讀《有錢人想的和你不一樣》（*Secrets of the Millionaire Mind*）與《祕密》（*The Secret*）這兩本書。並不是說它們多屌多強，而是獲無數正派團體認證，被譽為世界知名的經典毒雞湯，做正經生意的往往不屑一顧。但你總要先知道

毒雞湯長什麼樣子，下次看到才不會傻傻喝下去。如果有人跟你推薦這兩本書，他的東西有很高機率會是毒雞湯。

兵法指引｜Guide

自信的本質在於硬價值產生的其他機會，不是把門關起來幻想的精神自慰；是需要長時間努力提升的正兵，而非一蹴可幾的奇兵。有了正兵所衍生出來的自信，面對各種妹子都可用不強求的態度布置陷阱，始終泰然自若，輕鬆應對。

Rule 8

一段關係中愈不需要對方會擁有愈高的主導權

「凡先處戰地而待敵者逸，後處戰地而趨敵者勞」（〈虛實篇〉）

這法則唸起來有點饒舌，但細心的讀者朋友應該已經發現，這其實是上個法則的延伸，只是我覺得要多補充一些，再怎麼說，男人正視自己的需求將是整個紅藥丸理論的基石，不可不慎。

我舉職場薪水為例來說明這個法則，大家會比較清楚。

加薪的本質

一般人可能以為加薪是憑年資，時間到了老闆就該念你勞苦功高，主動加薪。若你這麼想，要麼涉世未深，要麼在官僚體系深植的公司任職許久，腦袋過於僵化而忽略薪水的本質，其實加薪與否源自你在市場上所能創造的價值。老闆付給你的薪水，正是買下你所創造價值的「價碼」。

如果你的專業能力每個月可以替公司創造二十萬的獲利，老闆卻只付你四萬的薪水，對老闆而言是筆划算交易。只要你的專業能力尚屬稀缺，普天之下沒幾個人可以取代，自然擁有與老闆談判加薪的籌碼，要麼他把薪水提高到你可以接受的程度（我覺得加到十萬差不多，畢竟老闆開公司還是幫你正面擋下市場風險），要麼你也可以投入自由市場，其他公司會用更好的薪水挖角你。你甚至可以把心一橫，直接面對市場風險出來創業。

對老闆來說，你的每月產值扣掉付你的薪水，還有十六萬的利潤；但老闆對你而言，卻只是個每月進帳四萬的來源，你還有其他公司等著挖角。相比之下，誰比較需要誰，根本一目瞭然，你完全有本錢主導整個談判過程。即使談判失敗也不用擔心，大不了翻桌走人，你看誰比較虧。

簡單講，你還有其他更好的選擇，又何必稀罕那份薪水？但這種談判過程有兩個前提：

①你真的值這麼多錢。

②你知道自己值這麼多錢。

第一點是很多笨蛋跨不了的關卡，自己沒幾兩重卻以為時間到了就該加薪，傻傻跟老闆談的結果，當然是被洗臉收場。至於第二點則是不少無良老闆千方百計想誤導員工的方向，一旦讓你覺得每月領四萬已經好棒棒該叩謝皇恩浩蕩，自然可以持續這筆對他而言十分划算的交易。

事實上，職場上的加薪，與兩性互動有無比雷同之處。

華人男的困境

把上述職場加薪的模型，換成男女互動的性價值，紅藥丸世界的兩性架構會變得非常清晰。

我可以用三個層面來說明華人男性對兩性互動的誤解：

1. 自己沒有性價值，卻妄想性價值更高的女人

一般人在職場上要求加薪，正如同藍藥丸世界的純情阿宅，明明又肥又魯，性價值乏善可陳，卻深信媒體灌輸的好男人和真愛那套，以為只要對妹子告白送禮就能一親芳澤。這些人常常越級打怪，腦袋匪夷所思到會想問他怎麼不先撒泡尿照照鏡子。

2. 用錯誤方式展示性價值

眾多華人男把從一而終、宣誓忠誠當作把妹的唯一手段，以為只要真心誠意，就能感動妹

子，讓她愛上自己。這很像你一個月只能創造五萬的價值，老闆已經吃虧付你六萬的薪水，正在煩惱要不要把你裁掉，你卻選擇晚點下班，用更長的工時而不是想辦法創造更多價值，來證明自己是好員工。

在職場這樣幹肯定一堆人覺得蠢，但拿到兩性市場上，這種男人遍地都是。

3. 自己有很高的性價值，卻不知道有這麼高的性價值

這是多數華人男的困境，但幾乎沒什麼人提到這個現象。我的課堂上來過許多滿手好牌的人生勝利組，事業與地位根本強到讓我懷疑他們是不是跑錯棚，一問之下，才知道藍藥丸世界幾乎扭曲這些優秀男人的認知，他們無法意識到自己還不錯的外貌和社經地位是兩性市場上的絕佳武器，明明有著強大的性價值鐵三角，撒出的網卻少得可憐。

他們明明可以群花簇擁，卻選擇從一而終。你拿這件事去問女人，她們一定會說這是值得嘉許的行為。在女本位主義運作下，犧牲男性權益早就是稀鬆平常的事，更不用說這種透過洗腦讓男人誤判自己性價值，來最大化女人權益的事。只要男人低估自己的性價值，滿手好牌也將無計可施，因為根本沒有搞懂牌桌上的遊戲規則，老二鐵支也會玩到輸掉。

保持冷靜的絕佳方法

不少朋友會在粉專上或直播時問我：奧客你講得輕鬆，但被妹子打槍或已讀不回實在讓人很難受，也很容易一時見獵心喜而誤判訊號，應該用什麼方法保持理智呢？答案一樣是這個法則，你愈不需要她，就愈能保持理智。

因為寫部落格、搞直播、當自媒體，有時我會收到一些莫名其妙的業配邀請，什麼壯陽、體力恢復、號稱讓男人更猛之類的營養補充品，各種奇形怪狀都有。說實在的，業配不是不能接，但有些業配接了會損及品牌形象，身為內容創作者，絕對要審慎思考，不能因為一點蠅頭小利讓事業生涯受到影響。我曾接到自慰套的業配邀約，當然是婉拒。拜託，我開課教男人怎麼運用紅藥丸知識跟女人互動，業配自慰套根本是打臉自己招牌，怎麼可以因小失大。

但如果我今天很缺錢，生計來源全仰賴業配，那情況可大為不同了。我很可能為了繳帳單而接下業配，缺錢這件事會影響理智判斷，在日後的路上埋下炸彈。

同樣的，想保持冷靜，要能夠把正在撩的妹子當作打打牙祭的零嘴，而不是非她不可的主餐，才不會罹患智商打對折這種男人遇到正妹幾乎無可避免的病症。事實上，你缺的是運作妹子的系統，而不是這個妹。

建議行動｜Action

① 到我的頻道收看「系統的妙用，優化工作與生活的利器」直播影片。
② 觀察你的正妹朋友跟男人的互動方式，包括她怎麼安排約會對象、一次開幾條支線等。

兵法指引｜Guide

不論職場或情場，都要想盡辦法提升自己的價值或性價值，藉此打造自己的系統，有了系統，才不會對眼前的單一妹子投注過多心力，也不會任她予取予求，更進一步拿回主動權，以逸待勞。一般貝塔男的做法是整天追在妹子後面，吃力不討好就算了，說不準妹子還沒到手，卻被半路殺出來的阿法男搶走，情何以堪。

Rule 9

外表的重要性超乎一般人想像

——「故善動敵者，形之，敵必從之；予之，敵必取之」〈兵勢篇〉

很多把妹書、課程，為了要刺激銷量，往往會大幅降低外表的重要性，他們總是宣稱，任何人只要付了錢，都能將所有妹子手到擒來。但是，名列性價值鐵三角之一的「外貌」，絕對不可輕忽它的威力。就算女生嘴巴嚷嚷男人外表不重要、個性好就好，但你看到同樣嚷著錢不重要、個性好就好的名模女星，卻爭相嫁給富二代小開成為豪門一員，絕對可以判斷這八成是口嫌體正直，千萬不要相信。

你不用來上我的課，在這就能直接告訴你：外表非常重要。

為什麼男人不重視外表

我曾經說過，臺灣女生對男人的外表容忍度其實很大。許多人看到不修邊幅、一臉邋遢，又不願意運動控制身材的男人，手邊總能牽個顏值尚可的妹子，說不定會真的認為外表沒那麼重要，只要有內涵，妹子自然愛上我的一切，又何須努力打理穿搭、上健身房揮汗如雨呢？

再加上不肖業者為了賣課賣書而罔顧真相的推波助瀾，追求外貌、重視外表被貼上「膚淺」的標籤，讓男人對外表的忽視程度又達到全新境界。對他們來說，如果有妹子願意愛上不打理外貌的自己，那肯定是萬中無一的真命天女，此生難找到第二個與自己靈魂如此契合的女人。

男人不打理外貌，具體來說有以下兩個原因：

1. 不用努力的藉口

提升外表不是立竿見影的可期之事。服裝穿搭需要培養美感，時尚敏銳度絕不是昂貴騙錢的正妹穿搭服務能解決的事；而鍛鍊身材更需要時間和努力，沒有在健身房耗上三五個月恐難看到顯著效果。簡單講，買衣服要錢、練出好身材需要時間，想在外表有讓人耳目一新的進展，除了閒錢和閒情逸致，還得投入三個月以上的閒工夫才行。

這對大多數缺乏紅藥丸覺醒的男人來說，實在太浪費時間，傻瓜才老實蹲馬步把底子打好，反正還是有把妹課和教說話的書宣稱外表不重要，花錢解決省事多了。一臉沒睡飽的黑眼圈模樣，卻聲稱教男人用心機把妹的講師，絕對無法理解背後需要付出多大心血。他們就是要你以為只要把嘴炮技能點滿，搞點心理諮商的技巧，向妹子揭露自身脆弱面試圖引發共鳴，自然將她手到擒來。

2. 媒體迷思

看到許多其貌不揚的男人一樣能抱得美人歸時，會加深許多男人「外貌不重要」的信念，長輩、養後宮的企業家、媒體若有似無偷渡「有錢就有妹」的觀念，更讓不少男人覺得只要好好賺錢，妹子自然會愛上自己，外表根本不重要。

再加上許多被真愛洗腦的男人，常有著「愛我就要愛我的一切」的迷思，殊不知在性價值鐵三角中唯一能直接喚起女人慾望的，大概只有「外貌」做得到。不願打理外表，卻指望女人因為內涵愛上自己，說穿了不過是自憐心態的延伸，不努力自我提升，卻在心底深處期待有某個真命天女出現來拯救殘缺的自己。

然而，外表真的不重要嗎?不難發現，女人常常不小心對身材好的帥哥猛男露出渴望眼神，就算顏值普通，但有著胸肌和腹肌，女人還是會忍不住吞口水摸個兩把，你絕對可以在生活中找到女人的口嫌體正直來反駁「外貌不重要」的事實。至於女人為什麼會對男人的外貌有如此巨大的容忍力，又或者為什麼願意跟醜男在一起，一切都要從利益說起。

具備外表優勢的男人會讓女人失去判斷力

不管男人還是女人，自然會被外貌好的異性所吸引，這是基因深處的繁衍本能帶來的天性。男人不用說，遇到正妹，智商直接對折再對折，女人的外表對男人而言，吸引力占了九〇%以上；而對女人來說，就算男人的身分地位占整體吸引力的絕大比重，但慾望的呼喚永遠超越理智，優秀外表所暗示的健康基因會大幅提高她們的交配傾向。

好啦我講人話，把自己弄好看一點，女人會對你比較有性慾。

而這一點，對女人的生存是不利的。要知道，女人如果被具有外表優勢的男人吸引而失去理智，可能會因此忽略他的個性、經濟狀況、情緒穩定程度，爽是爽到了沒錯，但隨之而來的很可能是不忠的伴侶、苦哈哈的貧窮日子，倒楣一點的還被家暴，離婚後得獨自一人養家帶孩子。屈服慾望的結果，風險是邁入一段糟糕透頂的長期關係，甚至賠掉自己的人生。

而且我不得不說，這年頭單親媽媽愈來愈多了，除了男人不長進之外，女人老是挑到垃圾阿法男，自己眼光恐怕要再好好加強。雖然，女人本來就比較情緒化。

如果女人能理智選擇，撇開誤判情形，可以將整個兩性格局變成**「貝塔賽局」（Beta Game）**。她會理智評估閣下一切數據，用X光對你的身家、個性、交友狀況全部掃描一遍，如同在菜市場買菜，挑三揀四還順便殺價，讓自己的利益最大化。而**「阿法賽局」（Alpha Game）**壓根兒不會讓女人動用理智，又或者讓女人理智介入的程度降到最低，如此一來男人才能主導整場遊戲。

以兩軍對陣來說，擁有外表優勢的一方，等同於放個技能讓敵方軍師智力減半，之後要出什麼計謀，命中率都會提升。甚至，「外表」本身就是武器。

當然，我知道有些人會反駁：你看很多妹子專找醜男，她們認為醜男比較有安全感什麼的。的確，我不否認有這種妹子存在，但你要先確定她的眼光是不是一般人標準。很多妹子因為歷經多次感情創傷，便開始下修擇偶標準，從順應天性喜歡帥哥降格成專挑醜男，甚至有些還會捨棄男人，投向另一個女人的懷抱（但我從沒聽過哪個男人因為感情失敗而變成同性戀）。如果你覺得這種專挑醜男的女人很多，那就儘管放任自己的外表擺爛吧。

至於顏值問題，倒真的不用擔心。雖然顏值是天生的，但影響程度並不如身材來得大，帥哥胖子與顏值普通的猛男相比，我敢說還是猛男的性價值比較高。事實上，光是擁有身材優勢，普妹就會貼上來蹭你。而理解被妹子蹭的感覺，是從新手村進階成高手的必經之路，你可藉此體會正妹的心情，學著建立高價值阿法男的心態與框架。

建議行動｜Action

①到我的頻道收看「弱者愛用的情場幹話：愛我就要愛我的一切」直播影片。
②問問你身材好的猛男朋友，他在夜店都發生什麼事。

兵法指引｜Guide

一個拿理智跟你互動的妹子，對多數男人而言都是極為麻煩的目標，她會不斷丟出框架，逼迫你屈從。要避免陷入如此窘境的最佳辦法，正是讓她的理智系統失靈，用外表優勢繞過大腦的重重防備，直接餵養基因，喚起她潛意識深處的慾望。

Rule 10

永遠別試圖跟左膠爭論

「夫兵形象水，水之形，避高而趨下」（〈虛實篇〉）

我讀國外的紅藥丸相關資料，一直覺得這東西簡直是華人男的救贖與解藥，特別是深受儒家和左派思想毒害的我們，簡直可收立竿見影之效。或許無法一時半刻把到妹，但有些瓶頸只要一提醒，還真的一通百通，大幅提高人生決策的勝率。

然而，實話總是難以入耳。前面也講到華人世界深受界線不明的儒家思想毒害，再加上近年來毒害西方國家甚深的左派毒瘤，也漸漸漂洋過海傳到我們這兒來，所以儘管紅藥丸能幫我們避開很多人生困境，但在左膠遍布的華人社會，可千萬要謹言慎行。

我的意思是，千萬不要跟左膠討論紅藥丸，或爭論各種理論的正確與否。有得爽就關起門來自己爽就好了，不要想去救世；救世這種苦差事，就留給我這種傻蛋來做吧。

在藍藥丸世界的最後一條法則，想跟大家聊的是左膠的腦與紅藥丸的腦到底差在哪。

生活中的種種左膠

「左膠」的「左」泛指左派，「膠」則是指腦袋過於僵化。要先說，左派和右派的定義其實眾說紛紜，這裡我們只取左派理想主義——過度講求愛與包容，強調社會公平正義卻不切實際的一面，以此作為本書的定義。

當然嘍，左膠在各個領域都有，這裡要討論的是性別領域的左膠：

1. 極端女性主義者

女性主義其實分好幾個階段，一開始先追求工作權和教育權，最後才慢慢進展到目前主流的兩性平權，包含歐洲國家的同工同酬也屬於後期女性主義。要先說，我很認同女性追求自己的理想、生活形式，包括受教育和選擇工作，這是一個自由的國家賦予人民的基本權利，不管你是男是女，理當享有這一切。

但我反對的，是後期某些極端女性主義者開始發了瘋似的思想檢查，除了只要權利不要義務的標準「女權自助餐」[4]，還拿放大鏡檢視文化或語言上她們視作「父權遺毒」的東西，恨不得

4 例如要求跟男人領同樣薪水，但講到當兵的責任義務卻當作沒聽到。

除之而後快。

這種人生活得很辛苦啊。遇到她們也別浪費時間瞎攪和，早點閃人就對了。

2. 白騎士

前面講的女性主義患者通常是女生，如果是男人發病，我們會用「白騎士」（white knight）稱呼。白騎士的誕生源自把不到妹的種種需求感，偏偏在社會道德規範的框架底下，無法放下尊嚴聽從體內野性的呼喚，只好去打安全牌，既然女生說喜歡紳士、喜歡男人體貼，就乾脆當個讓女人開心的暖男，統統轉職成白騎士。

於是白騎士會在各種社群貼文底下，用女性主義的框架幫女人說話，甚至會挺身而出筆戰一些與自己利益無關，卻能維護女人利益的事。看似正義的外表下，他們絕對不會承認，自己的騎士行為只是希望得到女人欣賞，看能不能藉機撈一炮。他們最大的錯誤，是試圖用女人的舒適感去喚起她的性慾。

一樣，遇到白騎士敬而遠之就對了，這種自甘墮落的男人，不值得浪費唇舌去拯救，你好心把這本書給他看，十之八九會說這是異端邪說，他所認識的妹子絕不像書中講的那樣。我看過很多玩股票玩到傾家蕩產的人，在股票套牢前也說自己買的股票跟別支不一樣。

紅藥丸教你尊重他人與自己的界線

要區分你所接受的意識型態是否正派，又或者能否真的改善你的生活，原則其實非常簡單，只要看到底是要我們去要求別人還是要求自己，答案就呼之欲出了。

不管是極端女性主義者還是白騎士，本質上與時下的覺醒青年一樣（我承認這有貶意），對世界充滿不滿，而解決方式則是告訴你：我覺得世界應該怎麼走比較好，所有人都要按著我的規則，一起讓世界更加完美。就算侵犯你的界線，就算忽略男女天性不同的事實，但世界大同這麼政治正確的事，你敢嘴？

紅藥丸覺醒的男人可就務實多了，開宗明義告訴你：自己的人生要自己掌握，甚至要把人生重心放在事業與理想上，不要去追求妹子。

更進一步總結藍藥丸與紅藥丸的差異。藍藥丸是壓抑男人自身需求去迎合女人和社會丟出來的框架，害怕衝突，所以期待用溝通或協調的方式解決問題，甚至為了他人利益，讓自身利益受損也在所不惜。沒辦法，為他人奉獻是多麼偉大的情操，能有機會替別人犧牲，對藍藥丸世界的眾多貝塔男來說是件求之不得的光榮事蹟。

而紅藥丸則是先正視自己的需求。想打炮？行，先讓女生有慾望再說。除了要我們男人積極提升性價值，也要勇於表達自己（對女人）的興趣，同時讓對方保留拒絕的空間，把他人與自己的界線劃得清清楚楚，絕不妄加侵犯。

國外很多紅藥丸覺醒的把妹達人（紅藥丸的內功加上ＰＵＡ的外功根本無敵），跟女生約會的框架是：**「我對妳有興趣也想更進一步，但若妳不願意也沒關係，我尊重妳。」**

價格才是決定市場最重要的機制

之前讀經濟學時看到價格的概念，心裡覺得感觸很多。經濟學認為「價格」是調節市場需求的重要因素，讓出價高的人獲得想要的商品，才是最不造成浪費的方式，政府不該妄加控管。

舉例來說，如果陳奕迅演唱會的票因為過於火紅加供不應求，從一千飆漲到五千，多出四千的溢價，讓願意出得起錢的人得之。而為了買這張票，會從別的地方努力工作換取報酬，整體上還是促進經濟發展，絲毫沒有浪費。但如果堅持不漲價讓人排隊，要麼浪費時間七早八早搶位子，要麼走後門找管道（所謂「尋租」），完全無法創造價值。

所以，紅藥丸其實是兩性市場上的右派思想，價格本身就是男女各自的性價值，為了提高性價值努力工作，一樣能替社會貢獻價值，不會造成浪費。而藍藥丸貝塔男或前面那群左膠，整天嚷著各種正義，卻在無形之中徒增更多成本，讓市場效率低落，不僅男人容易挑到瘋女人，女人也容易挑到軟爛男或渣男。

還在信奉藍藥丸的你，趕快棄暗投明吧。

建議行動｜Action

① 從朋友圈中找出三個有白騎士症頭的男人當作警惕。

② 西方紅藥丸社群已經發現，當女人願意出來講紅藥丸（或其他反對女權的言論），會更容易圈到男粉。要分辨究竟是毒雞湯還是真知灼見，請回到紅藥丸的核心：性價值的自我提升。沒錢上牌桌的乞丐，憑什麼學人拆解老千招數？真的非選不可，我寧願聽艾瑪．華森（Emma Watson）講女性主義，也不想聽個連身材基本面都不願努力，卻想藉此馴化男人順便大賺男人錢的女人，打著紅藥丸旗號大放厥詞。

兵法指引 | Guide

如同水往低處流，女人就算有再多奇怪的意識型態，一樣受限於身為女人的基因，一樣被高大帥氣的男性所吸引，哪怕整天嘴炮父權遺毒的危害，還是會屈服在男人的權力與地位下。

閣下該做的，不是去跟女人或左膠爭論，而是把重點放到自己身上，努力提高性價值鐵三角的分數，就這麼簡單。

Chapter 2

Beta vs. Alpha

第 2 章

好男人「貝塔男」與壞男人「阿法男」

Rule 11

男人要跟部落領袖學習

——「將者，智、信、仁、勇、嚴也」〈始計篇〉

人類學是一門很棒的知識，現今許多仰賴大數據的行銷公司，都爭先搶著聘用具有人類學背景的跨領域人才，張忠謀也在演講上承認，求學生涯裡他其實連博士論文都忘得差不多了，但大學通識課的人類學入門一直到現在都還忘不了，非常受用。

事實上，紅藥丸理論也與人類學的視角不謀而合，把人類當成動物來研究，從婚姻、約會、離婚、擇偶傾向這些人類兩性互動的種種行為，鉅細靡遺理出頭緒。

而要理解男人，要先從部落的階級制度著手。

部落領袖永遠不缺妹

如果你願意放大格局從社會角度觀察，甚至加入時間變因從歷史去看整個人類世界，一定能夠輕易發現，最不缺妹的絕對不是什麼PUA、號稱教人脫單的網紅，或是嚷著溝通可以解決一切的暖男，而是號令天下莫敢不從的王者。有哪一個皇帝不是坐擁後宮佳麗三千的？

這種身居領導地位的部落領袖，也正是我們先前提過阿法男的最佳寫照——勇猛果敢、侵略性十足，像成吉思汗一樣帶著千軍萬馬打天下，攻城掠地才是畢生志業。把妹？老子帶兵打仗都沒空了，哪可能浪費時間在這種小家子氣的事情上。

而事實是，身居領導地位的王者就算不花時間把妹，妹子看到他一樣各個為之傾倒，這正是女人的天性，只有真正的強者可以啟動她們的基因密碼。

然而，從我開始直播紅藥丸相關知識以來，不少觀眾朋友都是在把妹領域遇到瓶頸，進而轉投陣營，看是不是能解決自身問題。這些朋友大致分成兩類：

1. 還是不會把妹

就算是號稱能對所有妹子手到擒來的各種相關知識，男人也不見得能輕鬆駕馭，學習是一個問題，實際應用在戰場上又是另一個問題。這些處處碰壁的人，會以為紅藥丸是另一個能成功把到妹的靈丹妙藥，進而轉投陣營，琵琶別抱。

2. 長期關係出現問題

就算真的成功與女生交往，長期相處又是另一回事。事實上，各種把妹理論向來只管怎麼把妹子推倒，推倒之後的相處可就不管了。所以很多導師自己的長期關係也是一塌糊塗，而且打死不會承認。

解決之道很簡單，當個專注在自己身上的王者而已。要成為一個阿法男，必須把事業、理想擺第一，女人擺第二（你要擺到第三或第四我也沒意見），如此一來，你對生命的熱情與專注才能「不小心」吸引到女人。看到這裡，也許有讀者朋友想酸個兩句：說得簡單，要當上人中之龍、成為部落領袖的阿法男談何容易，到這境界才能讓女人倒貼，也太難了吧。

事實上，所謂的阿法男是種心態，性價值鐵三角的外貌、金錢、社會地位只是幫你擁有阿法心態的工具，看似人生勝利組的可憐貝塔男還是大有人在，大家千萬不要搞錯重點。

主導人生的阿法心態

雖然領袖級阿法男看似權傾天下，對於我們這種市井小民恐怕是一輩子無法企及的春秋大夢，但真正吸引女人的，其實是他們主導一切的自信與霸氣。

最典型的阿法男莫過於美國總統川普。有錢有勢，要什麼有什麼，我敢說他絕對是阿法男。話說回來，你不用真的變成川普才能變阿法男，只要能主導以下幾件事，也可以從川普這類部落領袖身上學到一點阿法特質：

1. 主導自己的人生

你要能選擇自己的生活方式，包括買什麼東西（不用管價格）、在哪邊工作、上下班時間。簡單講，不用看人臉色過日子，完全憑自由意志決定。所以就某個程度而言，「有錢」的確能幫你變成阿法男。但如果你的有錢是建立在超時加班、低聲下氣，甚至還拿大把鈔票去跪舔，那很抱歉，你就只是個有錢的貝塔男。去竹科晃一圈，你會發現這種人超多。

2. 主導自己的情緒

你的情緒不能隨著別人的反應起伏，不論好壞。這也代表你不能因為被妹子拒絕而感到沮喪，也不能因為妹子答應跟你約會而欣喜若狂。就算你真的有情緒，請統統藏到心裡。獅子老虎不會因為羚羊跑掉而喪失打獵鬥志，只要鼻子摸摸再去找下一隻獵物，一樣是好漢一條。

而且很多女生會在互動過程中給男人一堆「廢物測試」（shit test），也是在看你能否把持住自己的情緒。只要你的起心動念寫在臉上，社交直覺比男人敏銳千百倍的女人絕對能捕捉到信號，對你的評價大打折扣。

3. 主導別人的人生（非必要）

之所以加個「非必要」，是因為這是很麻煩的事，能做到前面兩點已經足夠，這一點請評估自己的屁股狀況，再來考慮要不要吞這顆瀉藥。很多老闆自帶阿法特質，正是因為他們掌握一群員工的生死，連帶扛起養別人家庭的重任。你要知道，當一群人在你面前唯命是從，對女人而言你就是個萬人之上的王者，直接宣告你的領袖地位。

但如果你問我：同樣當過美國總統的歐巴馬是不是阿法男？我會明確說不是。雖然他是美國總統，卻是個追尋政治正確、尋求外界認同、害怕批評的左膠。雖然給他拿到諾貝爾和平獎，但國際事務的優柔寡斷也讓美國在世界各國心中失去霸主地位，讓美國人民怨聲載道。

這些都會影響一個人的氣場。我就問你一個問題：同樣是美國總統，你覺得川普和歐巴馬，哪一個比較有帝王之氣？

建議行動｜Action

① 在生活裡找出三個阿法朋友，想辦法跟他們混在一起。
② 到我的部落格閱讀「什麼是Alpha 特質？」文章。

兵法指引｜Guide

《孫子兵法》對名將的定義，實實在在是阿法男的寫照。隱含著顛覆傳統、不受控的阿法特質，不光適用於戰場，連商場、情場等各種競爭情境都十分受用，要打天下就靠它了。至於儒家搞的那套「溫良恭儉讓」，則是天下底定後用來守成的，是統治者用來教（洗）化（腦）人民別作亂，維護秩序的最佳武器。現今滿街貝塔男不是沒有原因的，就看你要當哪一個嘍。

Rule 12

阿法男擁有說不的權力

「軍爭之難者，以迂為直，以患為利」（〈軍爭篇〉）

打從我寫部落格文章、開直播以來，不知多少人私訊問我該怎麼當個阿法男。對多數男人而言，阿法男是另一個值得追求的聖杯，彷彿成為阿法男（或看起來像個阿法男），可以一解把不到妹的窘境。也有不少女生看了我對阿法男生活型態的解讀文章之後，不自主地認為阿法男是高富帥的代表，身為醜男就不可能晉升成阿法男。的確，富有、帥氣、身材、身分地位是阿法特質，擁有這些武器會比較有機會成為阿法男，但不等於能直接與阿法男劃上等號。

說實話，阿法與否的關鍵，在於**「心態」（mindset）**。

追逐事業理想，不要追逐女人

小標題這句話可說是整個紅藥丸世界觀裡的名言，我誠心建議，初學紅藥丸的你最好把這句話牢牢記住。紅藥丸不是什麼把妹聖經，也從來不希望男人整天追在妹子後面跑；它的核心非常簡單：男人應該把心力放在追求自己的事業與理想上，這種生活型態反倒能吸引女人前仆後繼。

然而，光講概念很簡單，對一個涉世未深的大學生，或整日忙於工作的純情工程師而言，壓根兒無法想像妹子竟然不是「追」來的。

或許與華人教育背景有關，自小到大，我們都被教育成「努力」追求想要的生活，從學業、工作、薪水、生活型態，乃至女人都是如此。的確大部分需求可以靠努力達標，唯獨「女人」不行（除非你活在部落時代，信奉電影《投名狀》裡搶錢搶糧搶娘們那套，但把到妹之前，可能要擔心先上社會新聞）。女人是喜歡強者的，而真正的強者，絕不會把女人當成生活目標，更不用說全心全意追求女人。反而你愈不鳥她，她愈可能注意到你。

但光是這樣的簡單概念，卻需要我寫一大本書來洗腦各位，正所謂「知易行難」莫過於此。

所以嘍，從今天起，請試著基於以下理由，向妹子們說「不」：

1. 你有其他妹子

要玩紅藥丸，絕對不可能只有單一目標，用狙擊槍式把妹法出手，反而要像霰彈槍，多開幾條支線才行。你必須引入其他妹子，讓她們之間彼此競爭，身價才會出來。記得，價值來自稀缺，有其他女人搶著要的男人，對女人而言是非常可怕的吸引力。

當然，我知道有人會說：啊可是女生不是說最討厭男人亂槍打鳥嗎？我只能說，她們講歸講，但實際怎麼做又是另一回事，現實世界裡多的是擁有各種選擇、樣樣不缺的阿法男，而真心相信「忠誠能抱得美人歸」的貝塔男，下場往往是母胎單身，與左右手終老。

從今天起，請開始打造你的把妹系統，讓女人彼此競爭，並且向妹子的邀約說「不」來證明你的身價。

2. 你有自己的事業或興趣

理想狀況下當然是事業，也可以是運動健身、唱歌跳舞，再不濟事也可以偶一為之打個電動（但不能沉迷而不務正業）。總之，要讓女人意識到，她必須與你的事業或興趣競爭才行。

請永遠記得，男人的關注是女人嘴巴不說但骨子迫切需要的資源，收回關注對她是最大的懲罰。事業和妹子兩個只能選一個的話，請記得要選事業。妹子跑了再找就有，但事業、理想、使命感一旦消失，身為男人的人生價值也幾乎毀掉十之八九。

3. 你有尊嚴

這代表妹子必須接受你的標準才能進入你的世界，而不是像時下藍藥丸貝塔男一樣鞠躬哈腰，拚命向妹子證明自己才是最佳白馬王子。

偏偏男人在飢渴難耐的時候，很容易把尊嚴晾在一旁。比如女生約會遲到一小時，橫看豎看都是無禮至極的事，是我的話老早就先閃了，根本不會跟她再多廢話一句。但大多數藍藥丸男人，對這種違反普世社交規範的行為往往是先乖乖等待，雖然心裡幹得要死，但還是要假裝紳士風度把約會流程跑完，女人嘴裡雖然會誇你人很好，但潛意識老早把你貶到十八層地獄了。

對無禮的女人收回關注（我要強調絕對不是跟女人大小聲，而是直接轉身離開，或是乾脆已讀不回），或許她會不爽你，但絕對會尊敬你。能贏得女人的尊重，你才能真正留在局裡。哪天她空虛寂寞覺得冷，說不定會找你喝酒，期待你揪她續攤，別小看女人口是心非的本事。

先從自律學起

其實男人天生就是阿法，你看小男孩幾乎各個調皮又啣歪，完美詮釋「不受控」的阿法特質。但是在教育體系底下，我們被父母（特別是華人父母）與學校老師馴化，變成乖巧聽話又守規矩的貝塔男。服從體制，本身就與阿法特質背道而馳。更可怕的是，體制讓你無法獨立思考，人云亦云。別忘了，紅藥丸的本意就是要我們脫離體制，清醒過活。

當然啦，我知道時下藍藥丸貝塔男恐怕沒想那麼多，多數買這本書的人恐怕只想打炮，連所謂的PUA也多半向繁殖慾望屈服，好讓自己可以拿斬人數對外招生。

我的課堂上訂立一個聽起來很詭異的畢業標準：

①你要有跟正妹約會周旋的本事。

②讓自己忙起來，可以是跟很多妹約會，也可以是醉心於工作。

③正妹約你，但你因為懶得出門而拒絕她，或因為當天下大雨而主動取消約會。

能做到上面三件事，代表你從此擺脫交配慾望的束縛。除了可以更加理智判斷局勢，明瞭與妹子之間的敵我關係，我也敢打賭，擁有這項本事，你不用擔心被詐騙集團設局仙人跳了。

建議行動｜Action

①替自己訂立任何一種計畫，例如健身、學習、讀書，完整執行它。

②如果曖昧對象的提案是你打從心底就不喜歡的爛選項，千萬別勉強自己為了場面和諧而委屈答應。要麼讓她配合你，要麼折衷找出雙方都能接受的方案。

兵法指引｜Guide

向妹子說「不」看似在繞遠路，實際上是繞過堅實防線，直取核心。目前主流市場依舊是繞著女生的需求在打轉，滿坑滿谷的貝塔男都在聽妹子說話、跟妹子溝通，甚至在對方還沒開口之前先一步知道她要什麼，接著努力滿足其需求。但跟妹子說「不」，是阿法男在做的事。敢這樣做的男人，實際上是用行動向妹子說：「老子敢跟妳說不，是因為我不缺妹，要就來，不要拉倒。」習慣被男人跪舔的妹子，眼睛絕對為之一亮。

Rule 13

別當掏心掏肺卻沒人愛的貝塔男

「凡用兵之法，馳車千駟，革車千乘，帶甲十萬，千里饋糧，則內外之費，賓客之用，膠漆之材，車甲之奉，日費千金，然後十萬之師舉矣」〈作戰篇〉

貝塔男可說是與阿法男相互輝映，甚至是彼此共生的存在。任何一個部落的階級制度中，不光只有站在頂端領導眾人向前的阿法領袖，還需要有人找食物、做苦工、替部落裡的女性提供物質生活，讓部落的基本機能得以運作與維持。這些拚死拚活付出勞力的雄性，在人類學或動物學領域裡，稱之為「貝塔」（Beta）。而貝塔男，當然指的是那些試圖用勞力、金錢、物質，去換取妹子青睞的男人。只要抬頭觀察身邊的男性，或到各大正妹粉專貼文底下的留言逛一圈，一定可以輕易看到他們。放眼望去藍藥丸世界裡的主流，正是貝塔男。

貝塔男大集合

當然，貝塔男一詞還是稍嫌籠統，可以合理推斷是紅藥丸世界觀為了方便大家理解，才將男人一分為二，劃分為阿法與貝塔兩種。事實上，阿法與貝塔這兩種特質是屬於光譜式而非二元式。也就是說，你可能在某些地方偏阿法，或在某些時候偏貝塔，會在阿法與貝塔的光譜兩端游移不定，並不是說只要是阿法，就完全跟貝塔沒關係。反之亦然。

不過嘛，你也別高興得太早，以為自己身上必定有阿法特質。雖然我前面講過每個男人天生自帶阿法，但在父母、學校、社會的長期馴化下，現在的男人大概九〇%以上都是貝塔。

這也包括暖男、草食男、矬男（Average Frustrated Chump, AFC）這些主流社會常用的術語。或許你會發現這幾種類型的男人，與貝塔男提供女人物質的原始定義扯不上關係，但為了方便大家理解，我們姑且用貝塔男稱之。所以在這本書裡，我對貝塔男的定義，除了老實提供女人物質，還要多加一條：**無法撩起女人的慾望。**

是的，這個慾望就叫性慾。女人不會對貝塔男有慾望，這與天生的擇偶策略有關，之後的法則會細講這件事。

貝塔男的特色

貝塔男看似廢柴，卻是維持社會所需的特質。除了勤勤懇懇工作，換取自己想要的，另一項特色是「可預測」，這一點是在社會上討生活的必需品，沒有人願意付錢聘請一個無法預測又不受控的員工。

因此，在社會與職場的影響下，大多數男人變得愈來愈貝塔。就算是被我洗腦後覺得自己阿法特質爆表的朋友，只要回到現實社會打滾，不用多久又會被洗回貝塔。你不妨用以下標準，去檢視自己是不是過度貝塔：

1. 以為滿足他人就能滿足自己

自小開始，哪個男人不是被父母要求要「乖」，聽話才有糖吃（或不被揍）；學校老師則是用一堆分數和標準，半脅迫式地規範我們的行為；就連進了職場，還是要跟考績奮鬥，畢竟決定年終多寡，不會有人想跟錢過不去。

你看，從頭到尾我們都在迎合別人要求，而滿足別人要求的程度（分數）會直接決定之後獲得的獎賞。簡單說，這徹頭徹尾是一種奴隸思維。你願意花點心思從階級制度去反思貝塔男在社會上扮演的角色，一定會驚訝發現與奴隸有高度相似之處。但我不會說這樣不好，社會本來就需要正確的主僕關係才得以維持，要是全部都是阿法男，掃廁所這種活就沒人做了。再者，如果你是個徹頭徹尾又不受控的阿法男，在商場或職場肯定到處碰壁。

貝塔男最大的問題，是為了獲得女人所能提供的性，而甘心為奴。

2. 壓抑自己的需求

為了滿足他人需求，貝塔男會把自己需求放一邊，甚至刻意壓抑，以慾望為恥。比如貝塔男明明想直接推倒女生，卻東拉西扯，拿著被日本動漫或純愛電影洗腦的真愛、守護、忠誠當作藉口，再用告白宣示自己的偉大（雖然沒人會當一回事），甚至妹子被半路殺出的阿法男把走，貝塔男還會合理化自己的行為，言不由衷地含淚說出「看到她過得好我也開心」這種話。

所謂愛情，只是包裝人類繁殖慾望的糖衣，能不偽裝又坦蕩蕩接受自己的慾望，人生才有向前的動力。再說，慾望這東西豈可說關就關。人類如果真厲害到對慾望收放自如，也不會有時下流行的婚內失戀出現，更不會有婚後出軌這種事了。

3. 相信跟女人的互動會因為努力付出變成自己心中的理想模樣

「如果一次不夠，那就再做第二次」，這種努力向上的積極進取，是貝塔男的典型思維。他們遭逢婚變或被分手，第一個想的是「一定是我對她不夠好」或是「一定是我們溝通不夠」，所以尋求婚姻諮商、學習溝通課等各種政治正確的做法，試圖挽回女人的心。用紅藥丸的說法，這叫試圖用談判的方式喚起女人的慾望。

努力之所以有用，前提是走在正確道路上。你在臺中要去臺北，方向正確的話，的確多走幾步會離目標愈來愈近。但如果背道而馳，明明該往北卻往南，事情只會愈來愈糟。

貝塔男這種只期望靠付出解決一切問題的想法，說穿了就是懶而已。他們不願放棄既有的世界觀去學習新的知識，也不願理解男女互動的真實規律，只會用慣常的做法，天真地以為如此一來必能孝感動天，讓妹子點頭。拜託，如果妹子真的喜歡你，她才沒那閒工夫跟你點頭，早就直接向你撲上去了。

更可怕的是，貝塔男繼續做這些自甘墮落為奴的行為時，會有一大票女人拍手叫好。你不妨試試，跟女生吃飯的時候幫她剝蝦，之後拍張照打卡上傳臉書或IG，我敢保證會有一票女生按讚說你好棒棒，讓你以為當馬子狗幫女人服務才是跟她們相處的王道。

殊不知，她們就算拍手叫好，理智上覺得貝塔男是個好老公人選，但真正讓她們心動的卻是費洛蒙爆表的阿法男。接著貝塔男會發現殘酷的真相：**雖然女生嘴巴嚷著男人會剝蝦實在好棒**

棒，但她們倒是很樂得幫阿法男剝蝦……

事實上，不只剝蝦，但礙於尺度無法全部講出，我在這只能告訴你，當個讓女人心動的阿法男，女人會發自內心，情不自禁幫你做很多事。

建議行動｜Action

①觀察身邊男人的各種貝塔行為。我敢說這是所有功課裡最簡單的一項了，絕對俯拾皆是。

②閱讀《No More Mr. Nice Guy》這本書。目前只有原文沒有中文版，但裡面的英文非常簡單，閱讀起來並不困難。讀完它，你會對貝塔男有更深一層的體悟。

兵法指引｜Guide

把妹跟帶兵打仗一樣花錢，不論是走阿法路線還是貝塔路線，都無法改變這項殘酷事實。但同樣是花錢，阿法男與貝塔男花的方式可不太一樣。阿法男花錢投資自己，而貝塔男花錢在女人身上。

用軍事來比喻的話，阿法男花錢買飛機、大砲等各種高科技武器，靠自己來打仗；而貝塔男則簽訂各種喪權辱國條約，靠割地賠款等各種歲幣，試圖換得和平。

Rule 14

偶爾跟屁孩學智慧

——「激水之疾，至於漂石者，勢也」（〈兵勢篇〉）

說到屁孩，應該不少被暖男之毒洗腦太深的人會眉頭一皺，心想被妹子稱讚都來不及了，明明再加把勁就可以把到妹，幹麼要跟那群逞兇鬥狠的「8＋9」學智慧？再退一步說，這群整天找架打的小混混，又有哪來的智慧值得我們男人學習？

繼續讀下去之前，自詡暖男，或者以身為暖男為榮的你，不妨摸著良心問問自己以下兩個問題：

①那些整天誇你是暖男的妹子，是不是只有感動沒有心動？真的要投懷送抱，她們找的往往是渣男，而不是孝感動天的閣下兄弟你？

②而那些你不屑一顧的屁孩們，身邊的妹是不是一個比一個正？有些被揍還死心塌地，

甚至踢也踢不走，死皮賴臉硬要跟著？

當然，我不是要你當這種屁孩，更不是要你對女人動手動腳。你需要的只是找出男女相處的真實規律，才能明白身為男人的吸引力來源。

兇狠的魅力

曾經看過一個說法：「人類不過是穿著西裝的猴子，硬是要學習文明社會拿刀叉吃牛排，但骨子裡信奉的還是動物階級那套。」原先對這段話沒啥感覺，但自從接觸紅藥丸知識後，對照一下男女互動的行為模式，再瞄一下那群8＋9身旁的妹子，我瞬間明白為什麼逞兇鬥狠對女人這麼有魅力。簡單說，就算科技文明再怎麼演變，造物主在我們體內留下的基因密碼，始終沒有脫離崇拜強者的本性，男人「兇狠」的魅力來源，正是原始的野性。

1. 野性暗示你有足量睪固酮

睪固酮可說是掌管男人吸引力的頭號激素。要當猛男還是太監，差別不光只是肌肉量多寡，真正決定身為男子漢的關鍵，其實在於睪固酮含量。當然，固定上健身房鍛鍊肌肉的確可以增加睪固酮分泌，但不是說變成肌肉男就會變身成男子漢，這世上多的是滿身橫肉但卻心細如髮（貶意）又體貼善解人意（還是貶意）的「暖猛男」。

更進一步說，睪固酮多寡與否，除了擁有像《九品芝麻官》常威一樣的天生神力，還取決行為模式對內分泌的影響。常上健身房、敢面對衝突、遇到事情挺身而出正面對決，都會增加體內睪固酮。男子漢的事情你做愈多，愈會增加睪固酮，讓你更像個男子漢，如此周而復始變成良性循環。

而女人的理智絕對無法意識到被充滿睪固酮的男人所吸引，只能用全世界最籠統，也最他媽好用的詞——「感覺」，來描述自己被吸引的狀況。

2. 你有抵禦外敵的勇氣

自原始部落時代開始，家庭模式就以男主外女主內為主，可以說是深植於人類社會底下的文化基因。哪怕極端女性主義者再怎麼反駁或宣揚男女同工同酬，還是無法改變男人比女人有力，比女人更適合擔任抵禦外敵的角色。這些極端女性主義者遇到兵役或戰爭問題都會自己轉彎閃邊去，認為同工同酬不包括當兵，自助餐吃好吃滿真是好開心啊。

永遠都別指望那些嚷著男女同工同酬的人挺身而出保家衛國。請記得，抵禦外敵是男人責無旁貸該一肩扛起的事。只要你有卵蛋，都該展現保護一家老小的氣勢。

話又說回來，雖然文明社會不會隨便動刀動槍，太平盛世（不知能撐多久）也不會隨便兵戎相見，但我說過，人類的基因可說是一點長進都沒有。敢面對衝突、對於侵犯自身權益的惡意出手阻止，在妹子眼中你就是真正的男子漢，魅力爆表。

至於那些只求政治正確的暖男或貝塔男，恐怕還在翻書或爬文，想盡辦法跟侵門踏戶的敵人「溝通」吧。

阿法之餘也要社會化

是的，屁孩的逞兇鬥狠的確是阿法特質，這一點可以解釋為什麼他們身邊的妹子一個比一個正。在紅藥丸裡，把這種屁孩式的阿法特質，稱之為「Alpha Buddha」，我個人稱作**「純粹阿法」**。不光是屁孩，日常生活常見的家暴渣男，明明個性一個比一個差，但就是不缺妹，很大的原因正是他們身上或多或少帶有純粹阿法的特質。

但眼尖的朋友應該發現到，我在這法則的標題上加了「偶爾」兩個字。意思是，就算要學習屁孩的好勇鬥狠，也該適可而止。原因很簡單，你身處的是文明社會，不是原始部落。

身處石器時代，當然是靠武力決定資源分配，誰拳頭硬、肌肉大、打架占上風，誰就有本事讓妹子簇擁而上。然而，現在是衛星滿天飛的網路時代，動不動跟人輸贏，是會進醫院或法院的。我相信智商正常的各位應該不難理解，如果事事都用純粹阿法的屁孩解法去處理，或許可以騙到幾個死心塌地的傻妹，但這種做法在社會上簡直寸步難行，你會找不到工作、跟老闆同事客戶起衝突，在需要互助互信的社會完全派不上用場，唯一能做的只剩當兵，而且還不能是掃地除草這類雜事，得像藍波一樣，在戰場的槍林彈雨穿梭，才不會大材小用。

這就是純粹阿法的宿命。沒有社會化，無法與他人協調換取更多資源。如果「戰鬥」是唯一的本事，那就鬥到至死方休吧。

再說，花點心思觀察一下跟在8+9身旁的妹子，撇開特別正不說（雖然我知道大多數男人看到妹子正就什麼都不管了），一定會發現很多三觀都有問題。

首先，她們幾乎沒有生涯規畫，大部分是能吃能爽，毫不客氣把薪水花光的月光族；再者，她們情緒起伏很大，動不動哭鬧就算了，手腕還滿是刀痕，隨時可能拿美工刀威脅你自戕；至於素質，那更不用說了，肚子被搞大輟學，年紀輕輕就當單親媽媽。大多數的純粹阿法都沒有照顧女人的本事和意願，擅長的只有戰鬥與播種。只有三觀不正又無法自力謀生的女人才會搞不清狀況，對整天家暴自己的男人忠心耿耿。

也就是說，沒有經過社會洗禮，又只被本能驅使而行動的男人與女人，配在一起只是剛好而已。

建議行動｜Action

① 學習上場對打的技擊運動，拳擊或泰拳都行。拳拳到肉的技擊運動是喚起野性的絕佳方法，上擂臺多打個幾場，你會發現開始擁有無所畏懼的勇氣。

② 到我的頻道收看「讓紅藥丸告訴你，如何提高男性吸引力？」直播影片。

兵法指引｜Guide

男人的阿法特質，可以說是吸引力中最強大的「勢」。用得好自然對大多數妹子手到擒來；用得不好，也就是像屁孩這樣只有阿法特質而不打算照顧妹子，可是會連自己的人生都賠下去。純粹阿法不具備思考長遠目標的能力，自然無法打造屬於自己的事業。而只知道戰鬥卻沒有自己事業的男人，在社會上毫無立足之地，除非你真的打算一輩子靠吸女人的血維生。

之後會講到「病態人格」，到時你再好好研究吧。

Rule 15

正妹網紅是男子漢殺手

——「卑而驕之」(〈始計篇〉)

很多朋友到粉專私訊問我：要學把妹的話，第一件該做的事究竟是什麼？除了上健身房運動，通常我會請他們到各大正妹網紅的粉專或ＩＧ晃個一圈，看看每篇貼文底下男人的各種跪舔留言，時時刻刻提醒自己，千萬別幹同樣的事。這些看似光鮮亮麗的正妹網紅背後，其實對男子漢氣概隱藏著巨大殺機。

拜女本位主義所賜，正妹容易在各大專業領域引人注目。除了傳統媒體時代的明星藝人，在社群媒體催化下擁有外貌優勢的女人，可以輕易在健身、品牌行銷、美食、政治議題上瞬間成為鎂光燈焦點，而且腦粉還以男人居多。

繼續講下去之前，十之八九會有人跳出來說我仇女或厭女，這其實是每一位紅藥丸覺醒的阿法男面對雙重標準的原罪。極端女性主義者可以說男人是父權加害者、男子氣概是有毒的，遇到對女人的質疑，仇女兩個字就可以把你的嘴巴堵起來。極端女性主義者在你的左臉甩了一巴掌，把右臉湊上去恐怕還不足以消她們的怒火。

但我要說的是，其實錯不在這些正妹網紅身上，她們只是順應天性和優勢，做出合理的決策和行為罷了。是男人自己沒出息才導致今天的局面，到處在貼文底下留言跪舔。

言不由衷的男人們

強者我朋友，其臉書動態牆滿滿是正妹網紅的貼文，美食、健身、旅遊、作家等橫跨不同領域，合理推測他大概追蹤了數十個正妹網紅。當時我不太能理解這種行為，不僅看得到吃不到，還會讓日常工作分散心神，根本自找麻煩。於是我問他，沒事幹麼追蹤這麼多正妹，他的答案也一如預期的官方說法：「因為她分享的東西很專業。」

我瞄了一下他的眼神，飄忽不定之餘帶有一點怯懦，很明顯是在唬爛。但就算眼神堅定，我也只認為他得到韓國瑜的真傳而已。怎麼說？

①專業知識來源這麼多，為何偏偏全是正妹？按照統計常態分布，根本是不可能的事。

②正妹很忙的，光處理日常生活種種邀約就忙不完了，靠外貌可以在職場上獲得巨大優勢，哪有空認真讀書搞學問？研究專業知識這種粗活是我們阿宅在幹的好嗎。

③就算正妹真的專業知識充足，講的東西也言之有物，但有高顏值或大秀事業線的照片在一旁扯後腿，誰還有閒工夫注意知識本身？基因設定我們天生會被美好事物吸引，知識這種高級貨可是沉悶又無聊，要輪也輪不到它。

他媽的，我一定是瘋了才會認真分析一大堆……男人追蹤正妹的最主要理由，就只是因為她正而已。

有質感的A片

網路帶給男人的悲哀，就是讓男人不必出門打獵，用各種虛擬親密感取代實體互動。從流量最大的色情網站，到追蹤正妹網紅的跪舔現象，本質上都是同一件事。

從大腦內分泌的生理角度來看，男人看A片打手槍，跟與女人做愛的獎勵機制是相同的。所有物種都一樣，繁衍後代向來是一等一的頭號大事，所以看A片打上一槍，或實際跟女人打上一炮，大腦都會給予豐富且遠超平常的多巴胺獎賞我們的「辛勞」……雖然大腦無法分辨射在衛生紙跟射在保險套的差別。

但這對男人的狩獵本性有巨大影響。要找女人做愛，你需要有基本的外貌、一定的社交互動直覺；看A片卻只要動動手指，按兩下手機或滑鼠，把門關起來就解決了。同樣是完成任務，前者可以提升狩獵技能，讓你的刀愈磨愈利；後者就只是爽那一下，什麼都沒學到。

再說，出門把妹需要打扮約會跑流程，忙了一個下午或晚上說不定連手都沒摸到。而看A片要躲躲藏藏，絕對沒有哪個正常男人敢在公共場合看A片，甚至動手解放慾望。這時候，橫空出世的手機網路和正妹網紅，一躍而上成為男人的另一種救贖，可以公然觀看、點讚、留言，被旁人看到自己在追蹤哪個網紅，還可以說喜歡她的知識、喜歡她的善良、喜歡她的天真，用各種高大上的話術去掩蓋「我覺得她很正」的本質。

要注意喔，追蹤正妹網紅這件事在我們大腦產生的機制，與看A片或把妹其實並無二致。說穿了，就是「軟色情」：

①都是被性慾驅動。用比較優雅的術語叫「追求親密感」。

②行為本身都有獎勵機制，把妹是跟妹子上床，看A片是成功擊發，而正妹網紅的點讚、留言回覆，都會讓你有離目標更近的錯覺。

③大腦給予的獎勵機制也是一樣。只要與「性」有關，大腦都會給你超乎平常的多巴胺，鼓勵你繼續幹下去，比被老闆加薪還爽。

研究社群媒體的朋友絕對不難發現，目前自媒體主流經營趨勢是「個人風格誌」。名義上是各種專業知識，實際上卻是日常生活的展現（我的意思就是各種廢文），從穿搭、美食，到生活瑣事，都可以洗一堆讚。市場趨勢如此，實在是不能怪女生。所以我才會說，這是男人自己的問題，不是女人的問題。

就算你一開始因為專業知識追蹤正妹網紅，也難保不被鋪天蓋地的無用資訊轉移焦點，從原本的追尋知識，變成關注動態的信徒。我上一本書《壞男人的孫子兵法》提到，**「注意力」是比時間和金錢更重要的資源**。把注意力給了正妹網紅的美貌，勢必壓縮到自我提升的空間，連帶影響事業。我寧願把滑正妹動態的時間拿去投資在自己身上，讀書或上健身房，就算約個妹子出來喝咖啡，磨練一下談吐和社交技能，也遠勝過在虛擬空間獲得不切實際的滿足。

建議行動｜Action

① 取消關注一切正妹粉專、IG等社群媒體。除非她是你的朋友、女友，或是你有其他檯面下管道可以認識她（言盡於此，更黑暗的資訊請私下當面問我）。

② 到我的部落格閱讀「讓男人雄風閹割殆盡的直播妹文化」文章。

兵法指引｜Guide

男人的跪舔文化是推動世界經濟運作的重要推手，也讓自卑自憐有了出口，努力跪舔、死命秀存在感尋求女人關注，而這種自卑轉自大，形成一種扭曲的驕縱。在各大直播平台，永遠可以看到一群男人用龐大抖內金額宣示自己的「實力」，女人當然樂得全盤接收。

女人會愛上你的錢，也會愛上跪舔所帶來的種種好處，但絕對不會因此愛上你。

Rule 16

犧牲無法幫你贏得尊重

──「無邀正正之旗，勿擊堂堂之陣，此治變者也」〈軍爭篇〉

「輪迴」是佛家思想中最常被人拿來引用的術語，原意指的是靈魂在不同生命形式間流轉，現在多半用來指稱相同原因造成相同結果。本來嘛，你丟垃圾進去，出來的當然也是垃圾。愛因斯坦也說了，所謂瘋子，就是重複同樣的事還期待不同的結果。

我們可以在藍藥丸貝塔男身上看到固定的行為模式。整體來說，這些行為都源自相同思維，不僅造成把妹路上的巨大困境，也會在長期關係裡形成障礙，輕則女友老婆對他不再有慾望，重則被阿法小王偷戴綠帽，沒有經過DNA比對，說不定還幫人養小孩，當一輩子的免錢老爸。幾乎每個貝塔男都是一樣的下場，根本就是專屬的「貝塔輪迴」。

所有毒害男人的貝塔思想中，最典型、危害最深的，莫過於西方的「騎士思想」。騎士思想源自歐洲中古時代的貴族精神，把天下蒼生的福禍一肩扛起，以救國救民為己任；現在卻變成只替女人福利著想，甚至扭曲到為了女人權利不惜犧牲男人福利，還沾沾自喜以此為榮。

拯救者迷思

貝塔男有一種典型思維，認為只要幫女人解決問題，女人會因此愛上自己，紅藥丸把這稱作**「拯救者心態」（Savior Schema）**。你問阿宅怎麼把妹，十個有十一個會選擇扮演稱職的工具人，看似犧牲奉獻，其實只反映殘酷的事實：除了當工具人，完全沒有其他吸引女人的方法。

國外紅藥丸論壇對此現象，用一首饒舌歌的歌名來形容：《Captain Save a Ho》。大家不妨自行Google 這詞的意思，可以更理解西方世界的鄉民到底有多毒舌。你也可以在YouTube找到這首歌，體會一下原汁原味的拯救者心態。

常見的拯救者迷思有以下三種：

1. 幫女人處理生活大小事

兩性專家（特別是女的）最常發表的把妹言論，就是要男人成為女人可依賴的對象，但卻沒告訴你（其實是自己也沒意識到），成為女人可依賴的對象是成功吸引之後的事，在這之前，請不要幫她解決任何問題。

事實上，如果你把的妹夠優質，她一定會有一票姐妹淘固定交流養工具人的心得。有外貌優勢又有手腕的妹子都知道善用父權紅利，透過養工具人來滿足交通、飲食、3C產品、過年過節的種種需求。一旦你幫她解決問題，直接被定位成工具人軍團之一，想挑起她的真實慾望也變得難如登天。

2. 大老闆的酒店妹困局

如果還有人跟你說有錢就有妹，大老闆的酒店妹困局正好可以拿來打臉。這一點也可以用來佐證為什麼前面我說有錢有勢不見得可以變成阿法。

很多大老闆上酒店或其他歡場，框出場帶回家爽了一下，發現這妹子除了正之外，身世還楚楚可憐，年紀輕輕就負擔一身債務，幫念大學的弟弟付學費，還得照顧生病的老爸老母。反正手上也不缺錢，就做做好事幫幫她。

你會發現，怎麼剛好所有酒店妹家裡都有正在念大學的弟弟要付學費，也剛好有生病的老爸老母要照顧。金字塔頂端的大老闆如果沒有紅藥丸覺醒，逞英雄想拯救女人脫離苦海的心態，只會落得被當盤子的下場。

注意喔，雖然酒店妹會因為錢而跟在大老闆身邊，但用這種模式與妹子互動的男人並不是阿法。畢竟，把錢拿掉就什麼也不是，只是附有陽具的提款機而已。而且因為長年酒色摧殘身體，這根陽具還沒那麼好用，但畢竟是交易而來的性愛，酒店妹也不會太過挑剔。

3. 拯救女人脫離苦海的英雄迷思

大老闆有大老闆的困局，小老百姓也有小老百姓的麻煩要處理。比如身上穿一堆洞啊環的，墮胎無數又把人生搞成一團糟的妹子，或者感情路諸多不順，手腕一堆傷痕老是遇到渣男的妹子，都是底層小老百姓會遇到的日常問題。

要有好的長期關係，慎選妹子會比費盡千辛萬苦把妹子導正更加重要。像你買股票本就要選體質強健、公司財務狀況良好的標的，才是保障自己穩健獲利的不二法門；而不是眼睛塗到大便選一支爛股票，再整天燒香拜佛，或到股東會現場去下指導棋，期待這支爛股票起死回生。然而，多數男人挑選妹子，卻抱著爛股票總有一天會起死回生的心態，以為可以隻手遮天把妹子救出苦海。逞英雄的下場，肯定賠了夫人又折兵，就算真的給你把到妹，我敢保證她絕對有一狗票爛攤子等著你收拾。

早就說了，男人會因為女人的美貌讓自己的智商打對折再對折，從這就可以看出端倪。

忠誠能當飯吃嗎？

從男人的角度詮釋女本位主義，將是一場展現「忠誠」的軍備競賽。女人在臺上公開招標，而男人在底下爭先恐後拚命展示資格與忠誠，希望藉此獲得青睞，看能否成功獲選。

這就是貝塔賽局，將主動權完全交由女人，由女人理智判斷要不要跟你在一起。從形勢來看，貝塔賽局暗示：「她是主人、你是僕人」；「她是公主、你是奴隸」，你得通過重重難關，打敗路上的怪獸和魔王，才能順利抱得美人歸，所有迪士尼童話故事就是這樣在洗男人的腦，透過各種政治正確，一點一滴把你變成貝塔。

真正展現男人地位與男子氣概的阿法賽局，當然反其道而行，男人手握主導權，讓女人失去理智被男人吸引，甚至來向男人證明自己才是好女友或好妻子人選。可惜的是，阿法賽局在主流媒體輿論的推波助瀾下，早就被「父權遺毒」四個字汙名化嘍。

建議行動｜Action

①當女人說「伴侶應該要像最好的朋友一樣相處」，思考一下這句話背後的框架。

②到我的頻道收看「長期關係裡，該提防的扯後腿伴侶」直播影片。

兵法指引｜Guide

如果你要把的妹超愛擺譜，在兵法上等同於遇到旗幟嚴明、軍容壯盛的敵軍，當下之急是先避其鋒再徐而圖之。幸運的是，帶兵打仗遇到這種軍隊，還是要硬著頭皮想辦法另謀他圖，說不定最後也只剩下正面對決一途；但在兩性市場，遇到擺譜妹子，每個男人永遠可以使出最後一招：收回關注。你不鳥她，她就拿你沒轍了，把時間留給其他三觀正常的妹子吧。

Rule 17

有正確價值體系的愛才真實

——「令素行以教其民，則民服；令不素行以教其民，則民不服；令素行，與眾相得也」（〈行軍篇〉）

在法則4裡我跟大家說沒有真愛，只有性價值鐵三角，十之八九會有人想跳出來指著我的鼻子大罵隨便物化他人。有趣的是，當我說男人喜歡漂亮女人時，女人會說我物化女人；可當我說女人因為男人的成就而愛上男人時，卻不會有人說我在物化男人。

還是那句老話，女本位主義的世界，媒體輿論是雙重標準地傾向女性。但我也不是要各位兄弟你有什麼受害者情結在那邊自艾自憐，或妖魔化女人墮入仇女的魔道，應該要像個動物學家一樣明白現實狀況，再像個男人挺身而出，自立自強。

那好，這個法則我們就別老是執著在性價值鐵三角這些看似流於表面的東西，來跟大家聊聊愛的另一種內涵——價值體系。

價值體系是什麼？

講白了，就是能替真實生活帶來改變的信仰。對企業而言，價值體系就是願景，雖然不見得每個人會照著做，但至少企業運作有個大方向，一旦偏離原先價值體系太遠，就是你放空它股票的時候了。如果升級到國家角度，最粗略的價值體系可以分成民主與專制兩種，我相信隨便翻一下人類歷史，過慣自由生活的我們應該可以輕鬆做出選擇。

價值體系非常重要，它決定我們的世界觀、生活形式、行事準則，甚至與人互動的種種框架，可以說是無所不包。正確的價值體系能幫我們辨識出生命裡的美好事物。女人長得漂亮、三觀正確、人品高尚、有家庭觀念，又能認知男女有別，這些都是能替我們男人帶來優質生活的價值；同樣，男人的勇氣、正直、賺錢能力、對生活有熱情，正好能與優質女人的價值互補，在兩性動態裡形成正向循環。

我知道有些人會說價值沒有優劣只有個人選擇，這種站著說話不腰疼的話。那麼我問你：當一個企業老闆只相信獲利優先，卻罔顧員工權益，甚至投資人利益，這家公司的股票你敢買嗎？你是不是要擔心哪一天老闆自己掏空，或是用公司獲利的假消息藉機把股票倒貨給投資人，自己大撈一票再拍拍屁股走人？

再者，對於民主國家與專制國家的價值選擇，享受著言論自由的普羅大眾，應該都可以輕鬆判斷。

也就是說，雖然價值看似個人選擇，卻會實實在在影響我們的生活，很多時候生活出現困境，其實是選擇的價值出了問題，又或者你根本沒有崇尚任何價值，才把生活搞得一團糟。

然而，價值體系並不具備「凡存在必合理」的特性，很多明顯有問題的價值體系，依舊可以大搖大擺地活在世上，永遠不用擔心找不到信徒。集權國家如是，摧毀家庭價值的極端女性主義亦如是。

適合男人的價值體系

除了國家、企業要選擇價值體系，男人在處理兩性關係或生活大小事也理當有適用的價值體系，紅藥丸當然是其中之一。再一次強調，紅藥丸壓根兒不是什麼把妹學說，它是一種生活哲學，也是一種價值體系與信仰。成天只想靠約會技巧騙妹子上床的藍藥丸貝塔男，是無法認出這種高級貨的。

那麼，更深入地說，紅藥丸的價值體系究竟是什麼呢？前陣子我讀了《用常識治國：右派商人川普的當國智慧》這本書，應該可以回答這個問題。

以近代美國的發展現況來看，大致可以分成二〇〇八年到二〇一六年極端左派的歐巴馬時期，與二〇一六年到這本書出版為止的右派川普時期。在歐巴馬時代，國內「進步主義」盛行，也是極端女性主義者，或是各種左派思想開始大力排除異己的黃金時期。包括極端女性主義在內，許多糟糕的價值體系都在這個時期挾著「多元文化」的政治正確，一旦你膽敢批評，誰都可以在你頭上扣上仇女的帽子。更不用說，「多元文化」也容許各種歪七扭八的邪惡勢力在世界橫行，可說是美國實力最弱、國際聲勢最低的時期。

而川普可就不一樣了。身為我心目中認定的獨一無二阿法男，他擁有的價值體系足以擔當所有男人的典範：

1. 有使命感

軍人出身的川普，不像一般只想騙選票、撈油水、整天搞政治算計的政客，有著自稱「天選者」（Chosen one）的使命感。他決心繼承偶像雷根當年跟蘇聯硬幹的勇氣，與已經被歐巴馬寵壞的各種左膠放手一搏。

這種追求理想的使命感是很多藍藥丸貝塔男缺乏的東西，或者你也可以說，貝塔男的使命感就是把女人伺候得服服貼貼。真要區分的話，阿法男把自己當作活生生的男子漢，而貝塔男則把自己當成滿足女人一切需求的僕人，這種身分上的自我認同，讓兩者的氣場產生巨大差異。

2. 維護傳統對國家社會有利的意識型態

川普信奉的是當初殖民美國的清教徒精神，反對形式主義，忠於家庭，當然也要求家庭成員盡忠職守，享有權利的同時背負相對應義務。所以，男人要背負賺錢養兒育女、保家衛國的重任。美國就是憑藉這套立國精神，打造出人類文明史上最強的國家，直到歐巴馬用「進步價值」毀掉這一切為止。

我要說的是，右派那套家庭觀念，歷史上早有案例和脈絡可循，崇尚右派思想的國家向來都強大到令人尊敬（或害怕）。而「多元文化」那套，雖然歷史上還沒出現過，但就目前狀況來看，可以預期將是衰敗，甚至被另一個右派國家所併吞。

更進一步說，崇尚「進步價值」的瘋狂覺青們，正在進行一項人類歷史上從沒出現過的大規模實驗，卻沒有人想過實驗失敗的下場會是如何，甚至也沒有人想過，如果這項實驗失敗了，人類需要花多少時間才能重回原本的文明生活。

3. 沒事不惹事，有事不怕事

川普處理國際事務的做法，說穿了，就是像個男人而已。他不會用綏靖主義去姑息邪惡政權，也不會為了崇尚和平主義的政治正確去削減美國的軍備。更進一步說，包裹政治正確外衣的和平主義，就像是個整天嚷著要有「武德」的鍵盤武術家，殊不知武德之所以高貴，乃是因為擁有強大武力卻選擇不用，一旦事情發展到危及自家人生命安全，身為男子漢，義無反顧動用武力才是你該做的。

綜觀上述種種，我可以很坦白地告訴你，比起時下主流這類沒有任何價值體系作為基礎的真愛，女人就愛男子漢這一味。我發現大多數臺灣女生，比起整天吵著要權利的西方女性主義患者，簡直好相處幾百倍。很多女生告訴我，希望自己的男人夠強，又或者來追自己的男人是個頂天立地的男子漢。

無奈這年頭的男人，早早就拿槍自轟卵蛋，搞得女人想挑個合格的男人也不得其門而入。

建議行動｜Action

①閱讀《用常識治國：右派商人川普的當國智慧》，搞清楚左派與右派的差別。

②閱讀《阿特拉斯聳聳肩》（*Atlas Shrugged*），弄懂右派資本主義的源頭。甚至我會說，這套經典小說可以教會我們男人，真正的菁英該具備什麼樣的思維與言行舉止。

兵法指引｜Guide

價值體系是男人追求理想生活的核心，擁有正確價值體系作為行動指導方針，會讓我們的決策進退有據，不會像無頭蒼蠅一樣到處亂竄。紅藥丸遵循右派價值體系，上至國家、企業，下至家庭成員，由男人一肩扛起領導重任，拿出「我罩你」的能力與霸氣帶領成員，這樣的國家才會富強，建構出來的長期關係也才健康。

Rule 18

不要過度追求把妹技巧

「能而示之不能，用而示之不用」（〈始計篇〉）

男人性慾驅動的本能天性，說實在沒什麼好苛責的，除非像陳冠希一樣天賦異稟，幾乎每個男人都有這段尷尬期，眼前妹子露個又白又直的小腿，就像魂被勾走似的，只差沒把「老子想打炮」寫在臉上。

然而，真正決定男人格局的，其實是之後的反應。高端與低端的區別，在於危機處理方式。源自本能的性慾說穿了是把兩面刃，可以讓你整天追著女人跑，也可以讓你把動力拿來成就事業。而這也是阿法男與貝塔男的另一個區別：**要主導自己的人生，勢必要主導自己的慾望。**一旦被情緒、費洛蒙牽著鼻子走，哪怕錢再多、成就再高、肌肉再大塊，也永遠是個貝塔男。

把妹技巧解決求偶問題，但沒有解決人生問題

雖然我自己開課，課堂上也教了一堆技巧和使用時機，但我絕對會提醒來上課的朋友，這些約會或把妹技巧不能解決長期關係的問題，最多幫你撲倒妹子，至於後續怎麼繼續活得像個男人，要從生活、工作、事業，以及跟女人的相處上做起。

要知道，所有的把妹技巧、話術，都是要你追著妹子跑，一旦在這條路上過於執著，哪怕你是百人斬還是千人斬，主導權仍然不在你手上。我的意思是，你還是沒有選擇的餘地，隨便一個正妹出現面前，腦袋只剩下「我要怎麼跟她上床」，而把自己的事業理想擺在一旁。

然而，這種打炮打到死的生活，居然是很多男人心目中的夢想。我在上一本書《壞男人的孫子兵法》提過，一位同樣在教把妹課的導師，戰績是男人稱羨的五百多人斬，就算一天排一個，也要一年半載才能全部臨幸一遍。當初聽到這故事，我其實最好奇的是他的時間管理，事情都不用做了，身體也不知道頂不頂得住就是。就我的觀察，這些腦殘公狗通常不太會特別鍛鍊身體，他們的生活就是跟在妹子後面等著把她推倒，放任身體被掏空，而不是認真經營自己的生活。

除此之外，據爆料給我的朋友說，這位把妹達人的手段不太乾淨，常常半哄半騙把妹子拐上床，所以到後期感情糾紛一堆，成天都有女生找他討公道。我想，除了騙妹上床的前置作業，他

應該還有許多爛攤子要收拾，光是忙這些鳥事，恐怕就耗盡心力了，更不用說經營自己的生活。但是，沒有經過紅藥丸覺醒的男人，絕對看不到這一層。這些號稱千人斬百人斬的把妹導師並不是紅藥丸的生活型態，當然也不會告訴你，把妹子推倒之後花多少工夫收拾爛攤子，更絕對不會把已經搞得一團糟的長期關係展露在你面前。

把妹技巧的困局

雖然我認為整天追在女人後面跑是貝塔男的行為，但我絕不是要大家走上太過出世卻不切實際的「米格道之路」（Man Going Their Own Way, MGTOW）。米格道是紅藥丸的另一分支，如果說紅藥丸是研究女人的動物學家，那米格道就是自認對女人理解透澈，覺得女人實在有夠麻煩，乾脆選擇把門關起來自爽的生活型態。

說穿了，這種不再跟女人打交道的生活，倒是與苦行僧滿像的。小弟我自認做不到這番境界，還是喜歡在紅塵裡打滾就是了。

然而，處理慾望也應當有所選擇，「有選擇」是阿法男的必備特質之一。學習把妹技巧的確是選項之一，但如果只靠把妹技巧來處理性慾，與那些一遇到壓力就暴飲暴食，把自己吃成腦滿腸肥的胖子有什麼兩樣？

沉且，這些教把妹或沉溺在把妹的人，壓根兒想不到原來對女人「什麼都不做」也是選項之一。說穿了，只要收回關注，在女人眼裡，你的價值至少可以維持平盤，之後才有機會靜待時機翻盤，而不是學一堆話術、技巧，整天想著跟妹子早安問好，或怎麼跟她聊天聊不完。對高分妹而言，沒有什麼招是她沒看過的，她累積的資料庫絕對是男人所想得到的千百倍，你只要一出手就陷入困局。

是的，所有的把妹招數、聊天話術，都建立在「尋求妹子關注」的前提上，只要踏進這個前提，你的吸引力恐怕直接腰斬。

要讓自己樣樣不缺

正確做法，是把約會技巧、話術，當作才藝一樣學習，而不是當作人生目標去追尋，它充其量只是過渡時期，讓你有能力與女生互動。累積一定實戰經驗後，要反過頭來思考自己的人生，以及更重要的時間、金錢等資源配置，千萬不要為了把妹而將人生搞得一團糟。

這才叫有選擇。當你想待在家打電動發懶，可以毅然決然跟妹子說不，而不是當個要放下手邊工作，隨時飛奔到對方身旁的陽具人。敢對妹子說不，她才會尊敬你，而且絕對會再約你，到時再根據自己狀況，評估要不要赴約。藍藥丸貝塔男永遠無法理解，**「讓妹子尊敬」絕對比「死命追妹」更加重要。**

簡言之，你要用行為讓女生知道「老子不缺妳這個妹」，可以是工作、事業，也可以是家人朋友的聚會，又或是你可以達到最高境界，暗示對方你還有其他妹子要忙。能夠做到這點，或許一時半刻無法跟妹子更進一步，也或許會跟眼前的妹子直接斷了聯絡，但長遠來看，這才是兩全其美、兼顧生活與性慾的完美做法。

據不少看我直播的朋友回報，他們實地操作這種生活型態，妹子真的會來主動邀約呢。

建議行動｜Action

① 清點手邊的把妹、聊天、溝通等書籍，評估自己入迷多深。

② 如果上過把妹課，請摸著良心問自己：這位導師的生活型態是不是你想要的？他究竟是服了紅藥丸能自由自在過生活的阿法男？還是只會追在妹子屁股後面，包著紅藥丸外衣的藍藥丸貝塔男？

兵法指引｜Guide

「能而示之不能，用而示之不用」可以理解為兩個意思。

一個是你有各種把妹技巧，但評估狀況後決定什麼都不做，選擇收回關注作為上策。沒有經過紅藥丸覺醒的人通常做不出這種決策，只會拚命問人：我要做些什麼才好？

另一種意思則是，你其實不知道該怎麼面對眼前的妹，甚至氣勢完全被壓得死死而無法動彈。這時候就趕快收回關注，按兵不動，無論如何都不能讓妹子鄙視你。一旦被鄙視，你連講話都難了，更不用說把她推倒。

Rule 19

認清自己的性價值走勢

——「知己知彼，百戰不殆」〈謀攻篇〉

我屢次提到性價值的概念，目的是希望提點大家，這才是真實兩性世界裡決定雙方價值的籌碼所在，而不是兩性專家常掛在嘴邊的各種政治正確、愛與包容。請記得，不論是把妹還是維持長期關係，性價值就是雙方手上的牌，要提高勝率，除了想辦法拿到好牌，也可以讓對手誤判雙方局勢——這反倒是女人最常幹的事。

再幫大家複習一下：男人的性價值來自外貌、金錢、社會地位。而女人的性價值，在紅藥丸世界裡「外貌」占最高比例，我個人則把「個性」排在第二。就我的觀察，個性溫柔婉約的長期關係伴侶，男人對其外貌的要求可以睜一隻眼閉一隻眼；但個性差勁的公主病正妹，只有腦子有問題的男人才會選擇跟她發展下去。

偏偏最讓人感慨的是，這年頭搞不清楚狀況的男人愈來愈多了。至於原因，除了女本位主義搞出來的女權抬頭，讓男人高估女人的性價值之外，也包括女人對男人的種種打壓，讓男人嚴重低估自己的性價值。

不同年齡的性價值趨勢

把男人的性價值鐵三角與女人的外貌、個性攤開來看，你可以輕易發現與年齡呈現高度正相關，所以先理解不同年齡的性價值高低，有助於人生決策，看是把妹優先，還是衝事業優先：

1. 學生時期

大概從十七歲開始，男女雙方會意識到彼此的性價值，在這階段首先成熟的是生理特徵，男人開始變高變壯，女人開始變美變正。然而，就如之前提到的，同樣是生理特徵開始發育，男女雙方的起點卻大為不同。男人頂多開始變聲、有點肌肉，但稚氣未脫的外表還是告訴全天下自己是個屁孩，對女人的吸引力最多就聊勝於無。女人可就不一樣了，只要胸部開始隆起、腰臀曲線逐漸明顯，幾乎靠「外貌」在撐的性價值就能扶搖直上，遠遠把男人甩在後頭。

再說，這年紀的男孩哪有智慧去分辨女孩的個性，所以這個階段的男生最容易因為性價值差異而自甘墮落成為工具人。

男人在學生時期想把妹，只剩下校園風雲人物一途。要麼成為樂團主唱，要麼搶下系籃或校隊王牌，才可能用極高的阿法特質瞬間輾壓，否則你就乖乖讀書，等以後性價值出現黃金交叉再說吧。

2. 初入職場時期

從二十三歲踏入職場開始，男人終於可以累積事業資本，而這才是身為男人的主要價值，也是性價值的關鍵來源。但別高興太早，一切只是剛起步而已，你前面還有一堆主管和老闆對同樣身為社會新鮮人的正妹虎視眈眈。再說，這些年輕正妹也會因為老闆和主管的銀彈攻勢而眼界大開，學生時代小情侶吃個路邊攤就暖意滿滿，出社會後可能要五星級飯店才看得上眼。

這時候身為窮小子的你，如果蠢到跟這些老闆比誰有錢的軍備競賽，那輸真的只是剛好而已。這年紀的女生也處於性價值的高峰，硬碰硬絕對不是上策。除非你像臉書創辦人祖克伯（Mark Zuckerberg）一樣少年得志，年紀輕輕卻能靠一身才華在商場上呼風喚雨，否則剛開始經濟獨立的你，還是花點錢打理外貌，上健身房或買衣服都行，剩下時間就拿來衝事業吧。

3. 事業黃金期

男人邁入三十歲，只要不是太過擺爛，通常事業都有點小成，再加上如果注意生活作息，體態多半不會太差。而女人由於多年唱歌、喝酒、過著被奉為女王的跑趴生活，如果平常沒有靠飲食或運動積極保養，在種種摧殘下，外貌已經開始崩壞。拜臉書或ＩＧ所賜，只要花點心思，一定會發現妹子五年前的照片跟現在比起來有巨大差異。當然嘍，整形也要考慮進去就是了。

在這個階段，男女雙方的性價值會出現黃金交叉，也就是男人的性價值開始超過女人了，而且上升走勢也是史無前例的高，真可說是後勢看漲。

4. 性價值高峰期

三十八歲到四十歲之間，男人的性價值來到最高峰。正常狀況下，男人進入職場生涯高峰期，不論是在大公司的官僚體制升遷，或是自己開公司面對市場風險的直擊，到這年紀也該混出名堂了。再加上多年來與人打交道鍛鍊出不凡談吐，常長年的歷練也培養出一定的社交直覺，不光硬實力還有軟實力，這階段的「黃金單身漢」可說是實至名歸。

但不知道為什麼，這個年紀的男人明明手握千軍萬馬，卻老是小鼻子小眼睛，放著大好江山不打，反而跑去爭些彈丸之地。明明可以憑藉談吐、金錢、身分地位等籌碼去把年輕正妹，卻老是看到一堆有錢老男人爭著搶一些性價值偏低外加個性極差的妹子。

能解釋這現象的原因有兩個：一個是這些男人不知道手上握有這麼高的價值，導致做出錯誤的決策，放棄最適合自己的戰場，而屈就於眼界所及的舒適圈內；另一個原因，同樣是其他男人的問題，或許多年的商場歷練培養出一定的社交直覺，但並不能完全套用在兩性互動上。就我觀察，很多有錢老男人用談生意的方法與妹子互動，還自以為調情。這就是有錢的貝塔男，空有一手好牌，但完全沒有跟妹子「遊戲」（game）[5]的能力。

高峰期後，因為年老體衰，男人的性價值開始慢慢下降。但由於事業和社會地位支撐，下降幅度比性價值幾乎仰賴外貌的女人慢上許多。而且只要繼續維持運動習慣，在飲食與作息上自律，我敢說你可以一直跟妹子周旋下去，而且是年輕漂亮、三觀正確、人品好的正妹。

5 紅藥丸世界中多用「game」來表示動詞。

建議行動｜Action

①根據自己的年齡，評估適合的人生決策。如果你已經超過三十五歲還一事無成，那……我也不知道該怎麼辦了。

②將手邊約會的所有妹子做一份年紀清單，填入外貌分數與個性特徵，再誠實問自己：這樣的妹值得我花多少心力？

兵法指引｜Guide

明白男女雙方的性價值差異，可說是把妹出擊前的第一件事，也是停損與否的最佳判斷依據。常有些母胎單身的天真小處男到粉專私訊問我：要怎麼把到網紅？其實只要明白性價值在男女互動上的深遠影響，相信他絕對不會問這種蠢問題。兩性市場是個既殘酷又仁慈的戰場。殘酷的地方在於，只要不明白性價值的真相，滿手好牌的大老闆也會輸到脫褲；而仁慈的地方則是，只要願意及時收回關注換下一個妹子，根本不會有任何損失。

Rule 20

憤怒、接受，然後成長

——「勝可知而不可為也」（〈軍形篇〉）

標題乍看之下很像心靈雞湯廢文，但在紅藥丸覺醒的過程中，我覺得有必要再跟大家說明一下（並且順便切割），法則7提過，紅藥丸壓根兒不是什麼愛與和平的心靈雞湯，也與把妹界的心靈成長課沒什麼關係。

在把妹圈打滾的朋友，一定知道有個流派認為男人的內在思維、世界觀，才是與妹子互動的絕對關鍵，甚至不需要打理外貌，哪怕其貌不揚、肥胖無比，都不影響女生對你的觀感，只要真心相信自己有魅力，地球也會違反天體物理法則，丟下太陽跑來繞著你轉。

我沒聽過比這更唬爛的事了，但這群人真的這樣相信，所以我才說這是把妹界的心靈成長課程無誤。但這種心靈成長課程也不見得一無是處，據我跟幾位從裡面逃出來的朋友聊天的結果，不論是宣稱幫你找回自信，或是大力標榜內在思維的課程，在擁有硬價值的男人身上才能發揮作用，如果是一般肥宅，只會死得更快而已。

也就是說，如果今天你高富帥、有著讓人羨慕的身分地位，這類心靈成長課程可以找回原本就該屬於你的自信，讓滿手好牌發揮實力；但若是整天窩在家痴肥的宅男，卻妄想改變腦中想法就能擁有全世界，殘酷的市場會馬上打醒你的春秋大夢。

可惜，就市場生態來看，這類身心靈成長課程的最大客群，卻往往是不知長進的人，天真以為什麼都不用幹，只要躲在家作白日夢，美女就會從天上掉下來。

吞服紅藥丸的心態轉變

雖然紅藥丸強調用正知正見去改變兩性動態，但不代表對心理狀態的描述付之闕如。除非你一直收看我的直播，或接觸過紅藥丸相關知識，否則我相信大多數的男人剛接觸這本書時一定覺得難以吞服。是的，覺醒從來就不是件讓人愉快的事。前面的法則說過，紅藥丸把這段過程叫作拔管。

藍藥丸的男人一旦接觸到紅藥丸知識，拔管過程中會產生以下五個階段的心態變化：

1. 否認

把這本書借給你身旁相信真愛的藍藥丸貝塔男翻翻，十之八九會聽到他們說：「這本書是邪魔歪道啊！」「裡面講的兩性關係超不健康！」「我的女朋友不是這種人！」從國外紅藥丸相關著作在亞馬遜的評價，加上我上一本書《壞男人的孫子兵法》在博客來兩極化的書評，我更有理由相信這本書也會出現同樣結果。

這是人類信仰遭受衝擊的第一個反應，當深信多年的世界觀遭受挑戰，只有真正的人中之龍會選擇驗證知識的正確與否。大多數還是會選擇躲回舒適圈，繼續吞服藍藥丸，繼續醉生夢死，直到有一天被戴綠帽，信仰多年的真愛世界崩潰為止……可憐哪！

否認階段是最容易產生白騎士的時期。無法也不願接受現實的男人（肥宅居多）會繼續跪舔女人，甚至戴上道德假面具幫女人說話，維護女人權益，白騎士絕對不會告訴你，這是他們獲得妹子青睞的唯一辦法，即使女人永遠對他們沒興趣。

2. 憤怒

俗稱「紅藥丸之怒」（Red Pill Rage）。貝塔男為了女人奉獻一切，犧牲自己的理想，最後卻換得被分手、被戴綠帽的可悲下場，直到接觸紅藥丸知識，才發現原來真實世界與自己所認知的完全不一樣，於是開始憤怒，質疑自己的努力付出是不是被當成兒戲一場。

紅藥丸有其門檻，你需要一定歷練才能體會其中精髓。我的意思是，如果你沒有被女人擺道的切膚之痛，或沒有與大量女人交手的實戰經驗，一切知識將無法心領神會。而這才只是第二階段而已。紅藥丸之怒是男人內心狀態的谷底，雖然這段低潮期會歷時多久將取決你是否願意振作，但至少下一階段會是谷底反彈。

3. 反撲

國外論壇用「bargaining」（討價還價）形容這個階段，但我仔細思考後，覺得用「反撲」一詞比較到位。反撲階段的男人，會開始利用紅藥丸知識周旋在眾多女人之中，透過資訊落差，變成進化過後的把妹高手（紅藥丸戰略加PUA技巧），處於「半拔管」狀態。

至於為什麼說半拔管？因為他們並沒有獲得紅藥丸精髓，所謂進化過的把妹高手，很可能是個騙炮高手，只把紅藥丸用在把妹上，而不是全面優化自己的人生。甚至憑藉仇恨的力量轉生為惡魔，投入「黑藥丸」（Black Pill）陣營，透過剝削他人滿足自己，從此為害人間，這並不是我所樂見。

不過，撇開道德因素，單就自我提升的角度來看，至少沒沉淪在第二階段，這類谷底反彈已經算是不錯的情況了。

4. 沮喪

沮喪階段也是哲學上「見山不是山」的境界，或許憑藉紅藥丸威力能在把妹之路上神擋殺神，卻也同時見證到妹子的黑暗面，這階段的男人會有種頓時失去人生意義的虛無感，不知為何而戰，也不知該為誰辛苦為誰忙，於是意志消沉，雖然手上有知識，也深知其威力，但就是提不起勁來繼續向前衝。

只有意識到所有努力都是為了自己，掌握人生才是紅藥丸的精髓，才能跳脫出被慾望框住的陷阱，真正變成「紅藥丸覺醒」。

5. 覺醒

覺醒階段意味著接受現實，能看透女本位主義與女人對男人的種種奴役，也能一笑置之，用自信的心情輕鬆面對。這時候你會用全新的眼光去看待世界，藍藥丸的一切將與你無關，就像電影《駭客任務》裡的尼歐，從維生系統拔管醒來，母體再也無法造成束縛。

紅藥丸的威力（你要說療程也可以）是不可逆的，會永遠在身心留下痕跡，督促你成長。

完全拔管後，你還有兩條路可以選擇。

其中一條是前面講過的米格道，明白世界的真相與女人的黑暗面，選擇兩手一攤，不要最大，既然女人這麼難搞，那老子不玩總行了吧？當然可以。但我說過，這種類似苦行僧的生活不見得適合多數男人，壓抑本性也向來不是我的論調。或許男人需要洞穴，但偶爾還是要出洞穴打獵調劑身心。

另一條則是，**將紅藥丸知識全面應用到生活各層面，不光是兩性互動，在職場、人際關係中，你對「奴役」的感知會變得異常敏銳。**誰在背後搞鬼，隨便聞兩下就能分辨。這才是我個人最建議的紅藥丸覺醒方式，不論把妹、長期關係、生活娛樂或事業，一切的一切都將變得有所選擇，而不是照女本位主義所賦予男人的任務，一輩子被社會框架所綁死。

建議行動｜Action

①在這個法則頁面摺角或做記號，隨時隨地翻回來對照自己的心態處於哪一階段。

②這本書的知識只能做不能說，別妄想苦口婆心說服你身旁正被妹子耍得團團轉的好兄弟，只有當他歷經痛苦，想要改變的時候，再把這本書借他看（當然以作者本人的立場，更希望你直接買一本送他，增加銷量）。

兵法指引｜Guide

要順利走完這五個階段，無法刻意強求。要知道，每一階段都代表一種情緒，而深陷在情緒之中的我們，要做出正確判斷並不容易。我的建議是，至少先「知道」自己處於哪一階段，用觀照自身的視角去處理目前狀態，該憤怒就憤怒，該沮喪就沮喪，無須過度壓抑，讓它跑完流程，快點進入下個階段才是正解。

Chapter 3

Hypergamy

第 3 章

沒有對錯的「慕強擇偶」

Rule 21

別期待女人說話算話

「是故其兵不修而戒，不求而得，不約而親，不令而信」（〈九地篇〉）

終於要開始討論女人了。從這個法則，我們會討論女人的本質，只有徹底掌握女人的本質後，你才會心甘情願地將資源投注在自己的生活上。

有句老話說「女人心海底針」，之所以心思難以捉摸，正是因為大多數男人無法理解女人的本質就是心口不一，行動決策也幾乎是由情緒所驅動。也就是說，如果你老實相信女人嘴巴講出來的話，只會一再吃癟。

舉個最常見的例子：當你用各種送禮請客等銀彈攻勢對女生示好，她早就察覺你的意圖。有一天，她嚴肅地跟你說現在不想交男友，想好好工作，但又說願意把你當她最好的朋友，不希望失去你。身為貝塔男的你當然只能信了（不然你還有別的辦法嗎），老實認分地退回朋友位置，期待有一天能捲土重來。一個星期後，她與新來的同事狀似親密地一起吃午餐，兩人互動活像對情侶，就差沒當街接吻放閃。你懵了，心想：媽的她不是說不想交男友嗎？老子追她追了兩年都沒譜，這男同事才剛來一個星期，兩三下就把這妹子搶走，根本情何以堪。

這種事一點都不稀奇，我敢說從學生時代到職場階段，根本是不斷發生的生活日常。然而，我還是要說，這並不是女人的錯。如同獅子老虎吃肉只是牠們的天性，傻的是沒做任何防護，貿然進入籠子的新手馴獸師。

多數男人跟女人相處所犯的第一個錯，莫過於把女人視作理性的動物，把她的話當真。

男人比較講信用

我並不是說每個男人都講信用，如果是的話，這社會不會有這麼多詐騙的刑事案件，也不會有一堆偷拐搶騙的渣男。而是跟女人比較起來，男人容易把對方的話當一回事，也更容易被女人講的話牽著鼻子走。會有這現象，主要來自以下原因：

1. 契約精神的束縛

從小開始，所有人都教導我們要守信用，各種媒體、寓言故事、動畫、電影，不斷強調契約精神，要我們當個說話算話的男子漢。社會制約總是告訴我們：「因為你是男人，所以要說話算話……」

要先說，我並不是否定契約精神，事實上，我認同說話算話的契約精神是身為男子漢的必備條件，也是我篩選合作夥伴排行第一的重要標準。可是大家都沒想到，契約精神必須建立在你的合作對象也同樣可預測的前提下，如果對方壓根不跟你講信用和道義，你還傻傻跟他講信用，那真的只能怪自己蠢了。

這個前提不光是兩性互動適用，也可以昇華到職場應用，甚至國際關係也適用。面對說話不算話的流氓，比他更流氓是唯一辦法。

2. 獎懲的差異

同樣「說話算話」，在社會運作下對男女雙方的獎懲機制卻顯得大不相同。在正常的文明社會，說話算話的人，客戶會喜歡你，老闆會賞識你，在朋友之間也會獲得高度評價，不分男女都會因為講信用而獲得適當獎賞。問題其實出在懲罰機制。

我舉業務工作為例，可以看出明顯差別。男業務只要答應的事沒做到、該出的貨沒出、該開的發票忘了開，一次說話不算話，在客戶眼中的信用評比可能直接歸零，壓根兒別想在業界混了。頂尖業務都很清楚，訂單可以掉，但信用絕對不能不當一回事。

然而，如果換作是女業務，狀況可就不一樣了。特別是有姿色的女業務，可以選擇裝可憐，或換上短裙對客戶擠眉弄眼，能立馬化解失信引來的各種責難。男客戶常常就這樣睜一隻眼閉一隻眼，畢竟她是女人嘛，男人就該禮讓女人不是嘛。所以嘍，正妹業務捅的包，客戶往往就自己扛了，而且之後還會繼續跟她下單。

你看，同樣對人失信，男女獲得的待遇卻有著天差地遠的區別。所以遇到說話算話的正妹時，往往會因為她沒被寵壞而更加肅然起敬。

契約精神與長期關係

那麼，如果是長期關係，總該有契約精神了吧？藍藥丸世界的貝塔男心裡多半抱持這樣的想法，認為既然男女雙方有共識邁入婚姻生活，理當講點信用，再怎麼說，也是白紙黑字有張結婚證書，不像高雄挖石油一樣可以隨口翻盤，好歹看在夫妻情分上，一起手牽手走下去。

我承認這是人類社會的普世共識，在結婚的那一刻，男女雙方的確想守著承諾，一輩子走下去。然而我要說的是，**真實的情慾無法靠契約精神去約束。**女人對你有沒有慾望、尊不尊敬你，與是不是有張結婚證書一點關係都沒有。反之，你有本事讓女人喜歡你、讓她發自內心對你產生景仰之情，她會為你打破一切規則。

這就是貝塔男的困境：說到底，「契約」與「景仰」根本是兩件事。貝塔男卻天真以為只要簽了契約，女人就會老實遵守。

於是貝塔男會犧牲自己的興趣與理想，全心全意替女人奉獻，付出一切資源去履行他所簽訂的契約，也相信女人會因為自己的付出去維繫婚姻，共築美好的生活。這是多數貝塔男的世界觀，任何破壞其世界觀的言論都不該出現在這世上，包括我這本書，呵呵。

當然，我並不是說每個女人都會出軌，也不是說講道義守信用的女人不存在，我還是樂見這世上有人性的光輝，只是不會天真相信容易遇到這樣的女人。

在真實的情況下，大多數女人只要對男人失去景仰，歷經長期不變的婚姻生活後，下一步通常是在外面找阿法小王尋求刺激。因為女人的天性，從來就不是契約精神，而是「慕強擇偶」（Hypergamy），之後的法則會細講這件事。

建議行動｜Action

①認真比較身邊男性與女性友人說話不算話的次數，我敢說你一定會有驚人發現。

②隨便找個網路遊戲扮演女性角色，再取個女性化的名字假裝女性玩家，見證一下全世界的宅男玩家對女性玩家的言行有多放縱。

兵法指引｜Guide

雖然我說跟女人相處不要太把她的話當一回事，但不代表你也要對自己講過的話出爾反爾。不論是兩性互動或是職場上的待人處世，言出必行依舊是對自己最有利的選項。只有當他人相信你言出必行，你的威懾才有威力，不管是男女關係還是跟部屬互動，都是最有效率的管理方式。

遇到不講信用的人，你不該隨意許下承諾，打馬虎眼就是了。

Rule 22

別指望女人理性

「兵怒而相迎，久而不合，又不相去，必謹察之」（〈行軍篇〉）

別說女人了，男人自己夠格用上「理性」一詞的，其實也寥寥無幾。哲學定義裡，理性指的是腦子優先，在慾望徹底掌控行為決策之前，自由意志能先行一步拿回主導權，指引生活裡的眾多決策。理性與否是我個人對「菁英」的判別標準之一。能夠自律掌控自己生活的人，往往都能在事業上闖出一番成就，感情生活也是如此。

當然，標題這樣下，並不是說每個女人都渾渾噩噩過日子，還是有許多認真經營自己的事業與生活，甚至成就遠超過一般人的女中豪傑。只不過，如果把範圍限縮到兩性互動或配偶選擇上，從女人口中講出來的話，再對照她幹出來的事，你會驚覺怎麼如此心口不一。是的，「心口不一」是女人的另一大特色。上個法則已經講過這件事，這個法則裡，我們就這個議題繼續延伸探討下去。

理性的定義

在我看來，理性有兩個涵義：一個是可預測，一個則是考量自身利益最大化做出適當決策。

先來說說可預測。一般人的判別標準，不外乎是說話算話。指望女人說話算話，恐怕跟遇到獨角獸一樣，是可遇不可求的稀有事件。然而，大家也不用這麼悲觀，**女人的「不可預測」，恰恰是她們的「可預測」特質。**認真把她們的話當話，閣下在兩性互動上只會一直吃屎；但如果能笑著聽她們講幹話，那這一切就有脈絡可循。這就是知識的威力，理解女人的第一步是別指望她理性，只能要求自己理性地去看待她講出來的話，接著別當一回事。

至於最大化自身利益，女人也不見得合格。一般男人總認為在長期關係裡無止境地付出，可以讓女人因為種種好處而留在自己身邊，甚至指望她為了一紙婚約與優渥生活而忠心耿耿。但是，偏偏有一群女人，明明家裡有個有錢又願意在自己身上花錢的貝塔老公，卻還是要到外頭跟阿法小王亂搞，可能是健身教練，也可能是公司同事。這些小王無法提供任何生活保障，但她們就是擋不住情慾誘惑。一般人聽到只會覺得這女人在搞什麼東西，明明家庭生活美滿，怎麼還會幹這種蠢事？

要解答這些疑問，必須把「情緒」與「理性」分開來討論。大家要知道，「情緒」才是人類最強大的原動力；「理性」是高端菁英才有資格享有的高級貨。一般人往往被情緒支配，所幹出來的事也往往是情緒反應下的產物。所以，要理解女人的真實狀態，要從行為開始。也就是說，你不能聽信女人嘴巴講出來的話，而是她幹出來的事才足以判斷其真實想法。

別把她的話當真

可預測的人自然是言行如一，這一點不光用於兩性互動，江湖上走跳也該秉持這項原則，從對方做出來的事判斷其真實想法。但真要探討，其實女人講出來的話也有兩種意思：一個是官方說法，一個則是當下想法。

1. 官方說法

官方說法指的是各種政治正確又具有道德高度的話。比如你隨便問一個女人，對「婚後出軌」有什麼看法，我們用常識判斷，答案也不言自明。不論她是真愛信徒，還是周旋在眾多男人之中享盡父權紅利的綠茶婊，甚至是明明婚姻美滿卻禁不起誘惑而跟健身教練外遇的女人，全部會口徑一致、義正詞嚴地告訴你，婚後出軌是罪無可逭的。

實情呢？你以為只在情色小說看得到的情節，才是不斷在生活周邊上演的戲碼。

2. 當下想法

女人講出來的話，唯一能反映的只有當下的情緒狀態。也就是說，就算她答應你的飯局邀約（或其他另類邀約，你懂的），是因為當下心情好、爽、開心，如此而已。至於她當天會不會出席、會不會臨時需要處理貓狗大便，又或者爺爺奶奶會不會突然生病，這些都是另一回事。你永遠不知道她當天的情緒處於什麼狀態。

不少朋友到粉專私訊問我：為什麼妹子明明答應邀約，最後一刻卻突然放鳥？撇開她原本就不想去，**先答應你再以「突然有事」婉拒，更多情況其實是你無法一直讓她的情緒處於高點。**一旦她覺得你沒有吸引力、有別的帥哥跟她約同一天，哪怕你們之前聊得再嗨再開心，當天放你鳥只是天經地義，她不會有罪惡感。

情緒，才是行動的主要驅力，對女人來說更是如此。只要她喜歡你，可以替你找出一百種理由去合理化你的缺點。先不說你們只是處在吸引階段，就算已經進入長期關係，哪怕你做牛做馬，把時間金錢統統投注在妹子身上，只要她不喜歡你，可以在姐妹聚會上找出一百種理由數落你的不是。

但還好，雖然你無法從女人的話判斷她的真實意圖，但卻可以從她的行為反應去理解她的真實想法，而且準確度高達九成以上。

說到這裡，也許天真的男人會認為：那我把這本書給我家那口子看，她會不會因此變得更好相處呢？呃，我不建議你這麼做。首先，女人讀到這裡之前，說不定已經被各種政治不正確的言論氣到，直接把書砸你臉上。再者，就我活到這年紀觀察人類的心得，沒幾個人願意承認自己是被情緒驅動的動物。

正確解法絕對不是期望女人有所改變，而是男人要自立自強，把責任攬在自己身上。既然女人不理性，你該想的問題，是如何利用她的不理性來增進彼此關係。這也代表你必須負起主導她情緒的責任，像個男子漢一樣引領她前進。

期待她良心發現？別忘了，就算良心發現，也只是反映當下的情緒狀態而已，日後會發生什麼事，還是取決於她的心情啊。

建議行動｜Action

①任何一家知名摩鐵，最容易客滿的時段通常是平日午休。你不妨思考一下原因何在。

②與女人面對面互動時，請把重點放在觀察她的肢體動作和語氣上。肢體語言比話語本身更能反映一個人的真實意圖。當女人用嬌嗔語氣罵你是王八蛋渣男，卻一直在你身上摸來摸去，你要知道她的意思。

兵法指引｜Guide

判斷妹子的真實意圖，與戰場上的處軍相敵有著異曲同工之妙。當敵軍怒氣沖沖殺來，卻始終在陣外叫囂，一直徘徊不去，深謀遠慮的將領一定會有「事若反常必為妖」的意識，認真揣摩敵軍的意圖。同樣的，如果妹子在LINE上罵你是混蛋，但沒事會自己敲你，又或者你講一句她回一整頁，你也要能讀出弦外之音。

Rule 23

女人只想跟強者在一起

「故知兵之將，民之司命，國家安危之主也」（〈作戰篇〉）

前面兩個法則只是幫大家熱身，接下來要進入正題，也是紅藥丸體系的重中之重，更是理解女人的核心關鍵知識。我敢說，資質夠的讀者朋友，只要能弄懂這個法則的概念，整個描述兩性動態的紅藥丸理論，幾乎可以上手一半了。

這玩意兒，就是**「慕強擇偶」（Hypergamy）**。

hypergamy源自印度婆羅門種姓制度。在階級嚴明的種姓制度裡，女人的嫁娶皆有其標準，hypergamy一詞也由此而生。然而，你無法在字典裡找到這個字，只能在維基百科或西方論壇裡看到它，國內也有人翻作「高嫁」，但我覺得相較之下「慕強擇偶」翻得比較到位，它探討的不光是男女之間的婚姻嫁娶，也包括女人最原始的擇偶動機與被男人吸引的關鍵。

說穿了，女人的天性與慕強擇偶脫不了關係。哪怕再狗屁倒灶的出軌行為，用慕強擇偶去解釋，統統可以撥雲見日，找到問題關鍵。我敢說，能緊扣慕強擇偶的概念去看待女人的種種行為，你絕對比那些成天宣揚真愛的兩性專家要厲害千百倍。

什麼是慕強擇偶？

泛指女人的擇偶傾向，女人通常只會對階級地位比自己高的男人心生愛慕之意，或至少要與自己同階級才可能看上眼。也就是說，如果把社會階級用數字量化成一到一百分，六十分的女人只會看上六十分以上的男人，不滿六十分的當然是連入場券都沒有。

比較像例外的是，下嫁窮光蛋潛力股的千金大小姐（比如陳水扁和吳淑珍）。但別忘了，男人的「上進心」不光是暗示後期性價值的看漲，這項特質本身就能贏得女人的景仰之情，一樣符合慕強擇偶的框架。

紅藥丸把慕強擇偶講出來真的太過殘酷，不知讓多少迷戀女星、正妹網紅的宅男粉絲徹底心碎，他們壓根兒不知道自己的階級與這些女人天差地遠，她們絕對不可能看上一個身分地位差自己太多的魯蛇。這就是動物的本能，不光是女人，連猴子也是一樣。母猴子永遠會想盡辦法爭取團體裡最強的公猴子青睞。而公猴子要獲得交配權最有效率的方法，當然不是像愚蠢人類一樣整天送消夜或告白，而是向其他公猴子證明自己才是最強的猴王（通常是打架），一旦成為猴王，母猴子自然傾心，搶著撲上去。

說來慚愧，身為人類的我們，大多數貝塔男的把妹智慧恐怕連猴子都不如。貝塔男至死無法理解慕強擇偶的殘酷，只會鬼打牆告訴自己，心目中的女神絕對不會像這裡講的這麼現實。

用一句話解釋慕強擇偶：

「只有比她強，才能上她床。」

強者的定義

事實上，與其說慕強擇偶在意的是社會階級分數，更精確的說法應該把性價值納入考量。「社會階級」與「性價值」兩者混搭，會在女人心中形成自我價值的認知分數，並以此為基準，「往上」挑選她看得上眼的男人。

好吧，我承認上面這段話一定有人覺得到底在講啥潲，我直接舉例說明，也趁此機會告訴大家，男人對女人的吸引力機制是怎麼回事。

雖然男人天性本來就只對女人的美貌有反應（正確的後天教育，會再將個性納入評分標準），對其身分地位可說是完全不關心，但女人可不這麼認為。在女權主義大力鼓吹下，女人對自身價值的認知，除了外貌，還會根據工作、社會地位，評估一個她覺得合理的分數。

舉例來說，同樣擁有林志玲年輕時的外貌，農村小姑娘與三師之一的會計師，兩者對自身的評價分數可能有段不小差距。在沒有被社會汙染的前提下，農村小姑娘會覺得自己只有五十分，有個肯上進的男人願意替自己付出一切，就感到心滿意足；而四大會計師事務所的會計師，會因為處於金字塔頂端的社會地位，把自身分數大幅拉到八十五分以上，對追求者的要求不光是高富帥，沒有個律師、醫師、富二代等頭銜襯托，絕對看不上眼。

所以假設兄弟你的分數是八十分，對農村版林志玲能輕鬆手到擒來，但要是遇上會計師林志玲，說不定她連瞧都不瞧你一眼。

看到這裡，應該很多人想知道要怎麼達到八十分的標準。再回到社會階級與性價值這兩件事情，記性好的朋友應該已經發現，男人的社會階級其實已經包含在性價值裡，還記得前面講過的性價值鐵三角裡頭有個東西叫「身分地位」嗎？男人的身分地位講的就是社會階級啊！按照慕強擇偶的概念，八十分的男人可以往下殺零到八十分的妹子，但說穿了，也就「脫魯」兩個字而已。

分數看起來很客觀，但在吸引力的運作上可是非常主觀。只要會國小程度的數字比大小就能輕鬆理解慕強擇偶的概念，然而，自身價值分數可不是男人自己說了算，一切都由女人決定。也就是說，就算你評估自己是人中之龍，自詡處於八十五分以上的金字塔頂端，只要女人覺得你只有六十分，你哭爹喊娘也沒用。更不用說拚命向女人證明自己的分數，這種只有弱者才幹的事。

要吸引女人，你必須是個強者。而強者永遠不需要向女人證明自己的價值。

強者對女人的吸引力是生物天性，再多的政治正確也抹煞不了源自基因的吸引力。就像女星名模永遠對外宣稱，男人有不有錢並不重要，最重要的是個性，可只要攤開每一位女星名模的結婚對象，要麼富商、企業家，要麼電影明星、運動員，高端女人要的對象，絕對是金字塔頂端的菁英，強者中的強者。

我在前面法則說過，別聽女人說了些什麼，要看她做了些什麼。女人已經用她的行為，明明白白告訴你她要的是什麼了。

如同漂亮女人永遠能激起男人的性慾，**男人的權力與霸氣，對女人而言是絕佳的春藥。**少了身為強者的底氣，你跟女人的長期關係就只能仰賴對方的理智——如果她有的話。

建議行動｜Action

①觀察身邊社會地位不同的女人，其高傲程度是不是會因為地位高低有所差別。
②觀察身邊女人對自己的說話語氣與態度，這才是你的真實分數。

兵法指引｜Guide

男人就該有身為強者的霸氣，而不是一味地討好女人。真正的將領要有領導者的自覺，一肩扛起部隊興亡的責任，為所有決策負責，而不是花時間跟士兵「溝通」，指望士兵理解自己的苦心，要是決策失誤出包，難道要把責任怪到士兵身上嗎？

群眾渴望強人領導，如同女人渴望自己的伴侶是個強者，你不夠強，就別占著茅坑不拉屎，乖乖下臺吧。

Rule 24

女人永遠有兩套擇偶標準

「能使敵人自至者，利之也」（〈虛實篇〉）

這其實不是什麼新奇概念，早在《把妹達人》（*The Game*）相關著作就提到這件事，只不過一般人追尋把妹技巧的時候，往往讀過就算了，沒把女人擇偶的雙重標準放在心上，殊不知這會連帶影響到自己的長期關係。

《把妹達人之謎男方法》（*The Mystery Method*）早在前幾頁就寫得清清楚楚，女人擇偶時會考量的，不外乎就是生存與繁殖兩件事。替後代打造一個舒適環境是女人的天職，我在這裡可以直接告訴大家，**女人愛自己的孩子，其實遠勝過愛自己的男人。**只要瞄一下，這社會上有多少傻妹為了給自己孩子一個「完整家庭」，願意忍受渣男老公的家暴，就能輕鬆得證上述結論。

之所以在「完整家庭」使用引號，是因為我不認為三觀不正的媽媽配上嚴重暴力傾向的爸爸，有資格稱作完整家庭。

在紅藥丸世界裡，把女人追尋的生存價值和繁殖價值，分別用好爸爸與好基因來表示。意思是，要麼能照顧家庭，扮演好父親角色的男人，要麼長得又高又帥，勇於冒險犯難，擁有強大雄性魅力，能替後代提供優質基因的威猛男性。

好爸爸萬歲

看到這應該不少藍藥丸世界的貝塔男已經摩拳擦掌蠢蠢欲動了。要當個好爸爸，以下做法可以幫你輕鬆達標：

1. 大量閱讀女性轉貼的兩性文章

包括許多兩性作家、星座專家、正妹網紅，以及專門給女人看的媒體（其實就我的觀察，男性媒體也開始墮落），這裡獲得的資訊全部都是教男人怎麼當個好爸爸或好丈夫：忠誠、死命奉獻、當個貼心暖男，如此一來，女人才會愛你，才會選擇你當人生伴侶。

想當個好爸爸，用大量資訊替自己洗腦絕對是首要之務。

2. 努力賺錢

長輩常跟我們男人耳提面命，乖乖讀書好好賺錢，女人會自己貼上來，也可以當作好爸爸的標準之一。本來嘛，好爸爸要養家活口，照顧妻小，柴米油鹽醬醋茶、孩子的學費、房貸等，每天早上一睜開眼就是在撒錢，沒有一點銀子哪能替家庭提供安穩舒適的環境。

於是真的有人把這項標準無限上綱，以為每個妹子會見錢眼開，見到妹子的第一件事就是拚命秀財力，藉此證明自己是理想伴侶。

3. 當個紳士

你要熟讀中華儒家文化「溫良恭儉讓」那套，嚮往西方文化的話可以參考「騎士精神」或「紳士文化」。總之，把身為男人的野性統統拿掉，用各式各樣的意識型態自我馴化，想辦法讓女人跟你相處的時候感到舒適。

眼尖的朋友應該已經發現，上面這三條活脫脫是貝塔男的寫照。然而，一旦成功達到上述要求，或老早就具備這些條件，我在這卻要告訴你真相：女人不會因此愛你。對，她也許會選擇你當男友，也許會嫁給你，但她不會因為慾望驅使而愛你。

女人對男人的愛，需要透過「觸發」（trigger），而拚命給予舒適感的好爸爸形象無法做到這件事。好爸爸只負責替後代提供優質又安全的物質環境，至於能不能提供好基因則是另一回事。但老實認分的貝塔男，就是會把努力付出與女人對自己的慾望劃上等號。

猛男的好基因

高大威猛、肌肉線條明顯、行事作風充滿霸氣又兼具雄性魅力，都是好基因的特質。說穿了，只要當個真正的男人，不花半毛錢也能達標。至少認真上健身房跟啞鈴當朋友，任何人都能完成至少一半的目標，往真男人邁進。

在蠻荒石器時代，好基因特質是人類生存的資本，也是在充滿毒蛇猛獸與各種天災威脅底下生存的絕佳依靠，跑得快、跳得高、敢衝敢打，能大幅提高自己的生存機率。所以嘍，女人為了讓孩子從投胎那一刻開始，擁有比別人更有利生存的本錢，當然是找個有好基因的老爸交配，直接讓孩子贏在起跑點上。

按紅藥丸的說法，充滿男人味的好基因就是阿法特質。阿法特質會繞過女人的理智，觸動女人的基因密碼，甚至她們也說不上來為什麼會被吸引，只用「感覺」兩字含糊帶過。

至於孩子是不是含著金湯匙出生、出生後是不是有名車接送、有沒有傭人保母可使喚，在技術上可以另外想辦法，更殘酷地說，**提供基因與養小孩的，不一定要是同一個人。**畢竟男人也不會在孩子出生後馬上驗DNA（除非膚色對不上來，這在美國常發生），要出包也是等個十年八年，好爸爸驚覺怎麼孩子長得愈來愈不像自己，才會東窗事發。

女人怎麼選？

這裡要講個極度政治不正確的東西（雖說整本書都政治不正確，也不差這筆就是了）：以人類發展歷史來看，古老的一夫多妻制比現行的一夫一妻制更能提升人類競爭力。在古代，具有阿法特質的優秀男人，通常擁有比一般人更富裕的物質條件。你看那些開國皇帝（繼承的不算，很多官二代都挺廢的，白手起家打天下的才猛）、將軍、領主，不論中外，擁有後宮的同時，也有著大筆田宅與財富確保女人生活無缺，而他們的好基因，也在後宮的「幫忙」下廣為流傳。

然而，我們還是要回歸現實，畢竟一夫一妻制才是受法律保障的婚姻制度。一夫一妻制雖然像社會主義一樣限縮男女的配偶數，但也限縮了女人的選擇。理想狀況下，女人當然挑個阿法特質與貝塔特質兼具的伴侶，才是對自己和孩子最有利的選擇，但如果阿法和貝塔只能擇一當長期關係伴侶，女人會怎麼選？

我在雪柔・桑德伯格（Sheryl Sandberg）所寫的《挺身而進》（*Lean In: Women, Work and the Will to Lead*）讀到下面這段話，Google後才發現被許多女性媒體引用（不意外），甚至被許多女人當成擇偶教條：

「我給女性尋找人生伴侶的建議是，可以跟各種男人交往，壞男孩、酷男孩、瘋狂不羈的，或是有承諾恐懼症的都可以交往，但是別嫁給他們，讓男人性感、有魅力的特質，不是成為好丈夫的特質。

到了要定下來的時候，找個能彼此平等對待的伴侶，找個認為女性應該聰明、有見解、有抱負的伴侶，找個重視公平，並且預期自己會分攤家務，甚至想要分攤家務的人做伴侶。這樣的男人的確存在，而且，相信我，時間久了，沒有什麼比這種男人更性感的了！」

答案不是很清楚了嗎？

建議行動｜Action

①閱讀《把妹達人之謎男方法》第一章。雖然謎男本人並沒有紅藥丸覺醒，自己的長期關係和身心狀態也是一團糟，但他至少負責把真相說出來，只是徒子徒孫們沒認真當一回事，崇尚技巧的中毒患者還是一大堆。

②認真辨識生活中的阿法男（雖然不多），學著擁有階級意識，敬畏強者之餘，也要努力往強者邁進。

兵法指引｜Guide

其實阿法男與貝塔男對女人來說都有吸引力，也有利可圖。不同的是，如果你走貝塔路線，只能期待女人三觀正確又人品高尚，替自己人生做出正確選擇；而走阿法路線，則是繞過理智，間接誘惑她。

Rule 25

女人無法意識到自己被吸引

——「將能而君不御者勝」〈謀攻篇〉

看完上個法則，說不定有些笨蛋以為我在鼓勵男人當好貝塔，才能被女人青睞，欽點自己當成長期關係伴侶。其實不是這樣的，我只是還沒說完，這個法則才要進一步跟大家解釋真相。

延續上個法則講到女人的兩套擇偶系統，你不妨把人類視為擁有兩套決策系統的動物，也就是理智系統與本能系統。腦袋正常的情況下（加這個前提是因為笨蛋就算再冷靜也做不出好決策），理智系統可以幫我們做出正確、利益極大化的決策；而本能系統則攸關生存與繁衍，讓我們得以延續身為人類物種的基因。

如果你好幾天沒吃飯，不需要有人提醒你「欸該吃飯了」，身體機制自然會啟動覓食的慾望，這就是本能系統的威力。而人類的基因並不會因為上健身房運動而提高散布機率（整天找交配的健身教練除外），必須極盡所能地自律，才能培養對人生有益的運動習慣，這就是理智系統能幫上忙的地方。

然而，你會因為「想要」而抵抗不住美食的誘惑，大嗑炸雞、甜點等垃圾食物。但要你吃個健康的養生沙拉，恐怕需要極大的意志力才能勉強入口。對人生有益的決策，就是這麼樸實無華，以致讓人興趣缺缺，只有真正的有識之士才辦得到。

說穿了，女人整天說想要個忠誠又專情的好男人，就像要人多吃健康食物養生一樣，既好聽又政治正確，可是真的把甜點蛋糕擺在眼前，她絕對抵抗不住誘惑而偷嚐幾口，甚至點滴不留，整盤掃光。是的，阿法男對女人的誘惑，正如同甜點一樣難以抵禦，至於有沒有幫助是另一回事。但阿法男有好有壞，我們會在以後的法則繼續講到。

政治正確的感情觀

對女人來說，嘴巴嚷著高大上的愛與忠誠感情觀，時不時在臉書轉貼兩性廢文，就結果來看，好處實在太多了。以戰爭角度來看，其實是資訊戰的一種（我喜歡把這叫作大外宣）。當女人不斷提醒男人「正確」的樣子，等同於把蘿蔔掛在他眼前，明示暗示要男人乖乖成為她心中的理想模樣，才有機會跟她更進一步。一旦「為女人犧牲奉獻」成為男人心中的主流價值觀，閣下還不乖乖把錢掏出來，領了薪水當然全部上繳，去成全家庭的圓滿。

更不用說，標榜真愛正能量的言論，在心靈雞湯氾濫成災的臺灣，永遠可以贏得正面評價。不會有哪個笨蛋像我一樣，冒著被打一星負評的風險，把人性醜陋的黑暗面攤開在陽光底下。

然而，我還是要強調，或許女人的動機並沒有像上面講的這麼黑暗，可能只是單純相信真愛才做出上述行為。但不可否認，無論是好女人還是壞女人，只要成天在社群網站宣揚愛與忠誠的感情觀，我敢說不分男女，絕對瘋狂點讚表示支持。對他們而言，在這類政治正確的言論底下點讚（被人看到的前提下），同樣可以替自己累積社交名聲。至於發文的女人，當然是名利兼收嘍。

女人不知道自己不知道

唸起來饒舌，實際上是人類的認知瓶頸。過度輕忽自己一無所知，通常是被敵人突破的缺口，我們男人只要善用這項優勢，也能夠在這場兩性戰爭中勝出：

1. 女人不知道紅藥丸知識

雖說是戰爭，但紅藥丸覺醒的男人，爭的是自己生活的掌控權，在兩性動態上，追求的也是雙贏的目標，長遠來看是好事。但有些女權主義中毒的女人，老把男人看作十惡不赦的混蛋，硬是要爭輸贏。

要擊敗敵人的首要之務，其實是了解敵人。多數女人無法冷靜又理性地把這本書看完，十之八九在書店翻一下目次就想上網留一星負評。事實上，女人如果想對付拿紅藥丸知識為惡的渣男，要先對紅藥丸的脈絡有一定了解。但就我的觀察，一百個女人裡面，願意把紅藥丸知識讀過一遍的，恐怕不到一個。

這其中的資訊落差，正是我們男人的套利空間。

2. 女人不知道被吸引是怎麼回事

綜合前面講的一切，你會輕易發現整個社會鼓勵女人對外宣稱自己崇尚的是真愛，老實忠誠的好男人才是最適合的長期關係伴侶。在各種外力與自我洗腦下，女人心目中會認為只能被好男人吸引，也只該被好男人吸引。

然而，**被壞男人，也就是某種意義上的阿法男吸引，對女人來說卻是種無法避免的原罪。**刻在基因上的密碼，來自慾望深處的呼喚，導致在夜深人靜獨處時有著內外糾結：明明有個愛自己的老公，為什麼卻被玩世不恭的窮光蛋小王所吸引？這種內心壓抑，只能向同樣有小王的姐妹傾訴，之後再歸咎給「孽緣」兩字，甚至如前面所提，用「感覺」兩字胡亂帶過。

3. 女人不知道自己會被情緒沖昏頭

但是，我並不是說女人不會玩樂。女人沒有結婚壓力之前，會有好幾年的「party time」放縱玩樂，一直到自覺年華老去，該找個願意養自己的貝塔男定下來，才開始認真看待手頭上的線，判斷哪個約會對象適合當老公。

就算理智上想定下來，面對誘惑時又常幹出匪夷所思的愚蠢決定。這就是情緒的可怕。一旦被沖昏頭，任何人都不知道自己在幹麼。

解決方法其實是類似打坐冥想的觀照能力。這種能力能幫我們意識到情緒的出現，在危急時刻拉自己一把，避免一時衝動鑄成大錯。雖然男女都缺乏這項能力，但以女人感性的天性，實則更容易被情緒牽著鼻子走。

而且她們不覺得自己有這項問題，光看滿街自稱「女漢子」的女人，就可據此判斷女人的天性了。

建議行動｜Action

① 閱讀《快思慢想》（*Thinking, Fast and Slow*），理解人腦的決策系統。
② 閱讀謝伯讓著的《大腦簡史》，學習擺脫大腦束縛。

兵法指引｜Guide

將軍在戰場上打仗，處於前線自然最知道狀況，也最能根據情報做出正確決策，如同我們的理智系統，能根據環境反饋，給予利益最大化的行動指導。而君王處在皇宮，只會嚷著要軍士凱旋歸來，關心的只有皇權利益與百姓稅收，如同我們只關注生存的本能系統。你該做的，是讓知道狀況的理智系統接手管理，而不是放任本能系統到處扯後腿。

我的意思是，別跟多數女人一樣，哈哈哈。

Rule 26

女人會拚命馴化男人

──「厚而不能使，愛而不能令，亂而不能治，譬如驕子，不能用也」（〈地形篇〉）

「馴化」一詞來自生物學，指的是人類為了經濟利益的方便，逐步提高對物種的掌握。比如現代人常養在家逗弄的毛小孩，說穿了也是馴化過的狼。對早期農夫來說，野生的狼充滿攻擊性，直接養在家裡擔起守衛重任，說不準狼會偷幾隻雞來吃，甚至危及家人的性命；但把狼馴化成狗，事情就簡單多了，只要定時提供食物和舒適環境，狗就會乖乖看門，負擔部分保衛家園的責任，當個老實員工。

馴化提高人類的便利性，但也讓物種本身失去野性。把狼跟狗擺在一起打上一架，即使是最強的狗對上最弱的狼，種族天賦差異仍舊無法讓戰局逆轉。這就是「野生」與「家用」的差別。**不妨把阿法男想成狼，而貝塔男是被馴化過的狼──也就是狗的意思。**再說，很多貝塔男跪舔妹子的醜態，還真他媽的跟搖尾乞憐的狗沒有兩樣。用狗來形容貝塔男，一點都不違和。

順道說個題外話。就算現代男人再怎麼阿法，與原始人相比，還是馴化過的物種。畢竟身處在文明社會，有一堆社交規範要守，上餐桌要老實拿起刀叉或筷子，大塊吃肉大碗喝酒的豪邁姿態，恐怕只在武俠小說裡才看得到。也就是說，與野生原始人比起來，我們都是娘炮。既然都是娘炮，還是可以選擇當娘炮裡的霸主，也就是阿法男。但相較貝塔男的溫順，阿法男仍具有相當程度的野性就是了。

這個法則要告訴大家，**女人看待男人，也跟人類看待動物一樣**，好用歸好用，但要更進一步提高掌控力，勢必只剩下「馴化」一途。

女人的安全感

女人對安全感的追尋其來有自。上一個法則提到，即使女人天生會被阿法男所吸引，但無法意識到阿法男的吸引力。在意識清醒的前提下，只能感受到貝塔男的好、貝塔男的暖、貝塔男的善於溝通。很自然的，也會把貝塔男的種種好處，與「有魅力」劃上等號，特別是想婚的時候，這種傾向會更加明顯。

但事實上，你無法強逼一個人理解認知以外的東西。當一個人腦中只有漱口杯，你告訴他大海裡有多少美妙生物是沒有用的（希望大家別以為我是韓粉）。他們能力所及，也只會在漱口杯裡放點東西點綴，或告訴你哪個牌子的牙刷和牙膏比較好用而已。

曾有個妹子跟我討論女人的擇偶條件，她說：男人最重要的，就是能讓女人安心。類似這樣的言論在社群網站上層出不窮。本來嘛，追尋安全感是人類天性，降低對未知的恐懼，技術上多少可以增加一些內心的踏實感，只要尺度拿捏得宜，對心理健康是有益處的。所以嘍，把原本阿法特質爆表的男人馴化成貝塔男，其實很符合人類天性，我們也曾經把這招用在狼身上，將殘暴兇猛的野獸變成毛茸茸的無害動物，供自己玩耍。

然而，女人卻無法拿捏馴化的火候，非常容易矯枉過正。能觀照自己情緒，與未知恐懼相處的人已經少之又少，過度追求安全感而馴化男人，結果是不小心葬送一段長期關係。

女人的馴化

前面用狼來比喻阿法男，我個人覺得非常貼切。狼給人的形象就是在野外打獵、侵略性十足、無法掌控，給牠加上項圈，我相信很多人會覺得非常不習慣。也正是這種不可控的特質，強化對女人的吸引力。能側面詮釋阿法特質的部落領袖和8＋9屁孩，也都具備這類不可控的特質。

可是，事情的不可控也或多或少帶有危險的刺激感，雖然某些時候滿爽的，但理智的大腦會鼓勵女人降低這類危險，讓事情變得可防可控。所以她們會用盡各種方法讓男人聽話，用教育紳士、有禮貌的教條去「指導」，以達成馴化目的。

這類馴化或許會出現在網路上，也或許會出現在日常生活互動中。總之，馴化男人已經變成一種高大上的優雅概念，甚至是長期關係必備。在媒體幫忙下，也成為女人根深柢固的主流思維。她們會在姐妹聚會交流彼此的馴化心得，就算閣下你的女友或老婆不諳此道，請放心，一定會有另一個老手跳出來教她。許多已婚男人應該會發現，怎麼老婆只不過去跟朋友喝下午茶，回來卻變成另一個人似的，開始頤指氣使或軟硬兼施，想方設法讓自己做事。

除此之外，女人也會給予男人獎賞，鼓勵他們被馴化。在行為心理學派，獎賞是形塑行為的重要機制。馴獸師訓練海豚跳火圈，會用魚當獎賞；訓練狗狗在正確的地方尿尿，會給牠骨頭；同樣的，訓練男人乖乖聽話，也要在適當時機摸頭才行。最常見的一種，大概是在社群網站拍張照外加口頭嘉許一番。只要閣下做了一件女人希望你做的事，可以獲得她的公開褒獎，加上女生朋友們在底下留言稱讚。明明是喪盡男人雄風的沒骨氣行為，卻有一堆正面評價來鼓勵你繼續做好做滿，你會以為這才是永續經營長期關係的好方法，殊不知只會讓你愈來愈好掌控，離阿法特質愈來愈遠。

也就是說，女人馴化男人看似天經地義，但諷刺的地方在於，無止境的馴化只會讓男人愈來愈好掌控、愈來愈暖，也愈來愈體貼，但原先吸引女人的霸氣，卻在經年累月的相處下，被「好男人」或「好朋友」的形象取而代之。即使女人明明會被阿法男子漢吸引，可她給出來的指導建議，全部讓你往貝塔之路邁進，照做你就完了。

建議行動｜Action

①回過頭去觀察那些女人給予的感情建議或把妹教學，現在的你，應該可以輕鬆分辨其中有多少是把男人變成貝塔的馴化教學。

②雖然男人被過度馴化不是好事，但不代表永遠不能被馴化。有來有往、有舒適有激情，哲學上，陰陽調和才是讓事情長久的正確做法。如果你想擁有健康的長期關係，不能指望永遠不被女人馴化，而是把被馴化的權力掌握在自己手上，做好尺度掌控。原則是「捉大放小」，相處的大框架與主軸要以男人為主，其他雞毛蒜皮小地方放給女人掌控倒是無妨，就當增添生活情趣吧。

兵法指引｜Guide

過度溺愛女人，放任她馴化自己，只會讓她失去分寸，連最後的底線「景仰」，也在男人自以為愛妻的縱容下蕩然無存。更可恥的是，一堆男人還以身為馬子狗為榮。好女人是優秀男人教出來的，整天嚷嚷女人是寵出來的兩性專家們，絕對是毒害兩性長期關係的頭號元兇。

Rule 27

女人也有真命天子症

──「戰勢不過奇正，奇正之變，不可勝窮也」（〈兵勢篇〉）

女人跟男人一樣也是人，男人會有真命天女症，而類似的思想毒藥也會在女人身上發生。諷刺的是，女人的真命天子症通常是對高價值男人發作，而男人的真命天女症，除了一般人以為的正妹網紅明星，也常對普妹，甚至對外貌讓人提不起勁的妹子發作。是的，你沒看錯，男人就是這種（可悲）生物。

之所以會有這種差別，主要來自男女的擇偶機制不同：女人是慕強擇偶，男人則是想盡辦法播種。慕強擇偶讓女人不斷把目光聚焦在高價值男人身上，對他們發花痴，真命天子症就此誕生。而男人就簡單多了。絕大多數的男人服膺刻在基因深處的天性，可說是有炮堪打直須打。沒炮打的饑餓情況下，還會不斷把標準下修，甚至突破正常男人底線，對普妹魂牽夢縈，被普妹分手遲遲走不出情傷。

說穿了，男人還是被「性匱乏」三個字決定生死。全世界流量最大的網站，從來不是檯面上的各種網站，也不是社群網站，而是提供男人解決性需求的色情影片網站。我也是最近才知道，原來Google會屏蔽色情網站相關的關鍵字，但就算是這樣，能提供男人線上觀看影片的色情網站在流量上還是拔得頭籌，在檯面下提供巨大商機。

至於女人，也是有喜歡看的A片，只是不像男人一樣是赤條條的男女交歡，而是一本又一本的言情小說，透過各種想像力與腦補，在腦海裡火辣上演。前陣子流行的《格雷的五十道陰影》正是最好的例子。多少女人爭相去看這部電影和小說，對男主角大發花痴。以前漫畫店還盛行的時候，我常搞不懂那一整面牆的言情小說是給誰看的，後來開始研究男女生態才恍然大悟，原來女人是最大消費主力。

阿法狀態與貝塔狀態

或許是市場數據所反映的結果，編劇們發現女人的特性，你看各種偶像劇、電影也延續言情小說灑狗血那套，大演「霸道總裁愛上我」的戲碼。坐擁家族企業又帥氣多金的公子哥小開，就是這麼剛好會愛上平凡小資女，還很反常地願意拋下一切與她遠走高飛。這種違反現實世界規律的事，在言情小說或相關影視周邊不斷上演。你覺得唬爛，但女人卻當成人生目標，苦苦追尋。

我猜大部分男人看到這，一定會努力當個阿法男，同時想辦法別當做牛做馬又不討妹子喜歡的貝塔男。但我說過，阿法與貝塔是種光譜，不是非黑即白的二元對立，甚至你可能在某些時候呈現**「阿法狀態」（Alpha Phase）**，而某些時候又呈現**「貝塔狀態」（Beta Phase）**。

舉教數學的補習班老師為例，一般人對這職業的刻板印象通常是戴著厚重眼鏡、拿著粉筆在黑板上書寫冗長公式的阿宅，在日常生活中可說是十足的貝塔形象。但是，有些數學老師在課堂上卻能呈現虎虎生風的講課模樣，信手拈來，自信滿滿，呈現十足的阿法模樣。這種王者氣勢，連帶影響底下女學生的心情，我絕對不會告訴你，很多私底下明明是個阿宅的補習班老師，卻可以把補習班當成後宮。也就是說，**只要能在適當時機呈現阿法與貝塔，你就是真正的萬人迷。**

但別忘了，跟未成年女生上床是犯法的，別說我沒警告你。

霸道總裁愛上我？

前一個法則提到女人總想馴化男人，真命天子症也建立在此前提上。再拉回看霸道總裁的例子，細心的讀者朋友應該會發現規律，這些阿法特質爆表的霸道總裁們，都給了女人「希望」。

女人被阿法吸引是天經地義的事，但真正死巴著不放的原因是，**女人在這隻不受控的阿法身上，看到可以將他馴化成貝塔的希望。**如果男人永遠處於阿法狀態，女人對他最多只有偶像明星般高高在上的崇拜情懷，不敢妄想將他據為己有。可是，一旦這隻阿法不小心多給女人一點關懷，讓她覺得原本不受控的阿法「可能」成為自己專屬的夢中情人，馴化男人的天性會就此啟動，用盡一切方法，軟硬兼施，將他占為己有，試著把野狼變成家裡養的毛小孩。

阿法男不小心秀出來的貝塔狀態，對女人而言如同黑暗中的一點燈光，人類的天性當然會將其視作一種指引，但這盞燈光究竟是指向天堂還是地獄，又是另一回事了。只能說，女人永遠有著「霸道總裁愛上我」的幻想，這是她們的軟肋，也是真命天子症的由來。

除此之外，媒體再次扮演推波助瀾的好幫手。一旦霸道總裁的專情故事不斷在小說、偶像劇、電影上演，長期的文化洗腦會在女人腦中構築一張理想藍圖——有個身家億萬的優質男人肯為自己拋下一切，甚至與全世界為敵，這才是值得付出一切去追尋的愛情。

於是，淒美的唬爛故事成為對愛情的理想憧憬，不少無良渣男用上這套路，把妹子耍得一愣一愣的，讓她們死到臨頭還不知覺醒，傻乎乎地不離不棄，以為有一天渣男會浪子回頭。

至於你說為什麼女人的真命天子症這麼罕見，反倒滿街都是男人的真命天女症四處發作？道理很簡單：因為大多數的男人是十足貝塔男，硬要擠出一點阿法狀態都有困難了，你要怎麼指望女人對庸庸碌碌的廢柴發花痴？把慕強擇偶放在心上，才能真正了解女人。

建議行動｜Action

① 重看任何一部你看過的浪漫愛情電影，用這法則的概念解析男主角的浪漫臺詞。

② 觀察身旁那些對渣男不離不棄的傻妹，是不是都有著想把渣男導正的真命天子症模式。

兵法指引｜Guide

阿法與貝塔是男人可用武器的奇正之變。如果你是阿法男，那阿法狀態是你的正兵，貝塔狀態是你的奇兵；反之，貝塔男的正兵自然是貝塔狀態，而奇兵就是阿法狀態。高手能精準掌握阿法與貝塔的呈現時機，你的人格特質也會因為阿法與貝塔的層層交織，形成與他人截然不同的精采人生。

Rule 28

女人極度偏好潛溝通

「計利以聽，乃為之勢，以佐其外」（〈始計篇〉）

探討女人的特性，除了深植她們骨子的慕強擇偶，也不能不提到「想像力」在她們腦內的巨大效果。前者是天性，後者是根深柢固的思維模型。拿這套模型去看男女互動，你才會拍腦反思，原來以前都用錯誤規則在玩這場遊戲。

要先說，想像力不光是女人獨有，只要是人類，絕大多數時間也被各種腦補機制占據心靈。被妹子已讀不回，道行不夠的宅男會成天在那兒幻想，是不是三餐問候方式不對、字數太多、太頻繁；好不容易妹子終於回覆了，又得了「訊號放大症」，以為對方對自己有意思，誤判形式，告白亂衝，最後再收個朋友卡結束整場比賽。

然而，雖然男女都有胡思亂想的狀況，但比例上卻大有不同。男人大概只有一半時間會像上述情況亂想，而女人卻是九五％以上都仰賴想像力在過生活。

女人天生愛通靈

交過女友的男人，一定對以下窘境不陌生：你跟女友開心逛夜市，看她手上提著包包、一臉愉快牽著你的手，你也自顧自地嗑著另一隻手上的雞排，想不到她卻愈走愈慢，臉也愈來愈臭，最後停下來抱怨：「你怎麼不幫我提包包？」你懵了，雖然心想「啊妳又沒說我哪知道」，但這種話講出來十之八九會開始吵架，只好鼻子摸摸認了，把她的包包接過來提在手上。

類似情境我想並不陌生，你一定可以從其他地方找到更多例子來佐證。如同小標題所說，因為想像力，女人偏愛語言以外的溝通方式，也常常誤以為男人也是通靈童子，可以什麼都不說，僅透過心電感應，就把自己伺候得服服貼貼。

結果咧？男人抱怨女人難搞，而女人抱怨男人不貼心。

要提醒大家，女人希望男友體貼，本身就是馴化。你想嘛，阿法男把妹哪會搞貼心這套，還不就以自己生活為主，動輒對妹子已讀不回。但兩人進入長期關係後，女人的想像力會構築出理想男友模板，再套到閣下頭上。總之，不僅要意識到男女溝通方式大不相同，還要提防女人想像力延伸出來的種種馴化。

男女大不同

男女偏好的思維模式，從溝通上就看得出來。男人往往需要明確的指令，會認真把話當一回事。理性又帶有邏輯的思維讓男人成為一個口令一個動作的新兵戰士。除非明確告訴他要什麼，否則大多數情況下男人通常是不鳥你，埋頭做自己的事。也因此，**「聽指令」的特性成為女本位主義掌控男人的利器。**現在你應該可以明白，為什麼外貌再一般的女人，只要勇氣過人，敢亂開條件，也能吸引一票男人像傻鳥似的拚命往前衝。男人天生就是需要明確指令的動物，你不給指令，他就不知道該怎麼辦了。

女人就不是這樣了。天生感性思維，容易抓住社交氛圍去判斷當下互動狀況。通常男人什麼都不用說，相處個三分鐘，女人馬上能判斷眼前男人對自己有沒有意思，簡直比測謊機還精準。有些不明就裡的兩性專家會說什麼要不著痕跡，用假裝順路的方式向女人示好，根本是害人。只要男人想示好，不管拿給她的這杯咖啡多順路或多自然，女人絕對看得出來。

然而，對非語言的社交直覺敏銳度，看似女人得天獨厚，卻也侷限她們的認知方式，導致厭惡明確的指令，甚至視若無睹。在我看來，如果從演化角度來解釋這種現象，女人很像是缺乏視覺感官的海底生物，為了填補這項缺陷，勢必要演化出強大的聽覺與觸覺來彌補。

這也代表男人用直白的語言與女人溝通，藉此展現高價，但傳達到她們心裡的可能是另一回事。女人看重的，也唯一能理解進心坎兒裡的，其實是語言背後的框架，而不是語言本身。也就是說，女人要的不是明確溝通，而是「潛溝通」。

換言之，如果閣下要示高價把妹的話，或許示高價的方式，會比示高價的內容本身更加重要。舉例來說，如果想炫富把妹，很多人可能會選擇把名車鑰匙直接擺在桌上，意思是：「俖爸很有錢，妳快點來。」先撇開夜店尋歡這種擺明釣凱子的場合，女人在一般社交聚會遇到這種炫富把妹法，心裡想的可能是：

「他幹麼急著跟我炫富？是不是沒人要所以才這麼缺？他這麼有錢，是不是個性有問題才沒人要？」

雖然的確會因為你有錢而跟你約會，但這種低級炫富說穿了是貝塔賽局——女人因為物質生活跟你在一起，但無法發自內心尊重你。的確，有錢是阿法特質沒錯，但閣下錯誤的表達方式，卻傳達出貝塔框架，這才是她們真正感受到的部分，也對你貼上標籤。

如果換個方式炫富，那就不一樣了。比如你明明開一輛破車接她，但起身上廁所的時候，不小心露出藏在口袋裡另一輛千萬跑車的logo，她會開始亂想：

「他是不是其實很有錢卻不告訴我？明明有好車卻不開，是不是想藉機測試我的人品？還是他其實另有約會對象，我不是他的首選？」

女人無遠弗屆的想像力，我在這裡也只能列舉一二，無法窮盡。**你該做的，正是讓女人亂想，讓她的想像力子彈在腦內亂飛，繼續發酵，把事情導向對你有利的層面發展。**如果是上面的例子，我可以預測，女人會開始若有似無地向你證明自己是好女友或好老婆，主動權完全在你手上了。

建議行動｜Action

① 要學習潛溝通最快的方法，其實是讀官場小說。特別是中國官場。中國的官說話時總是藏刀或藏黃金，對潛臺詞的應用可說是淋漓盡致，能夠掌握他們的說

話藝術，你會發現跟女人相處簡直是小菜一碟。

②另一個精進的方法，則是提升自己的語文能力，才有本事辨別出連接詞、語助詞的用法，甚至善用它們表達出截然不同的意思。每個人家裡應該都有本《古文觀止》，沒事拿出來翻翻吧。

兵法指引｜Guide

女人的想像力是我們男人可以利用的另一種「勢」，而潛溝通的應用可說是「造勢」能力的一種。有些高價值男人會因為講錯一兩句話而扭轉整個局勢，甚至給予女人錯誤印象，明明是阿法卻被當成貝塔，這些都是有好的「形」，卻無法正確「造勢」的錯誤示範，千萬要提醒自己別犯一樣的錯誤。

Rule 29

女人不在乎你是誰

「故形人而我無形，則我專則敵分」（〈虛實篇〉）

在某些把妹流派，盛行一種「自我揭露」的方法。意思是找個花好月圓、燈光好氣氛佳的場合，向妹子娓娓道來自己在童年中受過的各種創傷：也許是父母對自己不好，也許是創業過程中的想法和挫折，又或是曾經痴心一片，最後卻被居心不良的女友戴綠帽，才變成玩世不恭的浪子。總之，光鮮亮麗、風流倜儻的背後，一定有段可歌可泣的悲壯故事。

當然，故事是真是假又是另一回事。不少沒受過訓練的渣男，似乎也領略到揭露自身脆弱面的妙用，強大的社交直覺讓他們得以判斷吐露心聲的最佳時機，對妹子產生一擊必殺的效果。

於是，許多初學把妹的新手會把自我揭露當成神招，卻忽略使用這招式成功把妹的渣男本身都有強大的性價值做基礎（意思是就算不出這招，妹子也會前仆後繼）。很多販賣自信的課程或偏身心靈的把妹流派，也會跟你說有自信就不怕脆弱面被女人知道，殊不知這麼幹下去，會讓男人在女人心中的形象直接崩壞。

女人只在意你是不是強者

各種自我揭露會讓你自貶身價，如果再加上創傷之類的種種脆弱面，更是讓你的形象跌到谷底。別忘了，女人的作業系統是慕強擇偶，凡是與強者背道而馳的作為，在她心中都是扣分。

1. 強者不需要整天向人說明

你看過哪個名將會整天嚷著公開透明，把戰術和戰略向手底下士兵解釋的？沒有嘛。絕對是命令一下，大家領著任務各自幹活去。就算真的解釋，以士兵們的智商勢必難以理解謀略的奧妙，多此一舉只會降低效率。

所以嘍，一個有理想、能獨立思考的強者，通常只會與事業夥伴商量事情，決定後直接執行到底，完全沒必要向女人解釋，更不需要整天揭露自己的想法，天真地以為男女之間不該存有任何祕密。這麼說好了，除非你的經濟來源由女人掌控（這其實是非常糟糕的生活型態），必須透過自我揭露才能領到生活費或創業基金，否則我想不到自我揭露的半點好處。

2. 揭露脆弱面更是雪上加霜

如果揭露的是過去創傷，事情通常只會更糟。各種脆弱面都暗示閣下是個弱者，期待女人向脆弱的自己伸出援手。事實呢？在慕強擇偶的運作下，女人看到弱者只會出現源自基因的鄙視，閣下選擇當了弱者，就該承受弱者應有的待遇。

這類人所理解有關自我揭露的理論機制很簡單：自我揭露，特別是脆弱面的自我揭露，能激發女人的母性，喚起她的同情。對只想跟妹子上床的人來說，只要能打上一炮，被當成小孩子也沒什麼大不了。

為了爽上一炮而捨棄尊嚴，是紅藥丸所鄙視的事。捨棄男子漢身分的那一刻起，也失去了女人對你的景仰，失去了對你投懷送抱的雄厚資本。被母性牽著鼻子走的傻妹並不多，慕強擇偶才是女人的核心思維。

做最強的自己

女本位主義中，有一句說不定連男人都頗認同的幹話，叫「做自己」。講好聽點是呈現真實面貌，用真正人格跟女人相處。但說難聽點，不論你現在是什麼鳥樣，都坦白呈現在女人面前。

當然，我同意長期關係下要做自己沒錯，沒有真實人格支撐，絕對走不長遠。除非是病態人格，否則沒有人可以戴著面具與伴侶相處，甚至攜手過一輩子。但這並不代表處在吸引階段也適用，拿「做自己」當藉口對妹子自我揭露，等於雙手奉上籌碼，失去套利空間。

大多數男人都不知道，如此政治正確的三個字，是有前提的。當你擁有絕佳的性價值，當然不該躲躲藏藏，有好身材就用合身衣物大方秀出來，用各種小配件展露品味（與財力）。有性價值做底氣的「做自己」，反倒有種「千山萬水我獨行」的霸氣，妹子當然為之傾倒。但如果連飯都吃不飽，只能上網酸人獲得微薄尊嚴的魯蛇，還對妹子「做自己」，用各種自我揭露去明示暗示自己的魯，恐怕只會被笑掉大牙，她可以瞬間把閣下摒除在生活圈外。

國外的紅藥丸前輩倒是把女人想得比較壞，認為女人的做自己說詞，可以大幅減少辨識男人的時間成本，讓那些躲在暗處虎視眈眈的魯蛇渣男因為做自己而浮上檯面，進而快速過濾，讓優質男人勝出。如果你有足夠的性價值，跟著女人起鬨做自己倒無不可，再怎麼說，這招的確是個淘汰劣幣的方法，雖然也會讓良幣略微貶值就是了。

但我還是要顧及那些雖處於弱勢，卻有心向上提升的男人。如果閣下的性價值不夠高，千萬不要傻傻聽信做自己一詞去自我揭露。你要做的事情很簡單，就是韜光養晦，找時間提升自己的性價值。你一樣可以約會，調情能力是無庸置疑的必修科目，但別讓對方知道太多，暫時把自己隱藏起來，留點空間讓她想像。之後再利用空閒時間，看是要發展事業多賺點銀子，還是要上健身房訓練更精實的身材，妹照把、舞照跳，但賺錢拚事業卻一樣不少。

還很魯的時候，當然沒必要和盤托出，搬石頭砸自己的腳。求職面試都知道要美化履歷，把不良經歷隱藏起來。你也沒說謊啊，只是沒說而已，怎麼一堆人把妹時都忘了這點，傻傻做自己讓女人摸清自己的底。說穿了，這就是**「藏拙」**的概念。要做自己，請變強了再來。只要你足夠強大，怎麼做自己是絕對沒人敢吭聲的。

建議行動｜Action

①戒掉「交淺言深」這種職場新鮮人特有的壞習慣。試著引導對方說更多，獲得更多資訊，而不是自己全盤托出被人掌握。

②學習「有與沒有之間」的說話藝術，遇到不想回答的問題，不說實話也不說謊話（另一個學習典範是韓國瑜）。掌握這項技能，與妹子相處會有大幅進展。

兵法指引｜Guide

自我揭露等於把自家兵馬糧草等戰略部署全部奉上給敵人參詳，對女人來說，完全掌握你的「形」，自然可以好整以暇，專心對付你的弱點。你該做的，當然是想辦法讓自己無形，把弱點隱藏起來，先從藏拙開始。要把兵馬一字排開正面對決，是兵強馬壯之後再來做的事好嗎？

Rule 30

女人最害怕男人知道自己的性價值

——「佚而勞之，親而離之」（〈始計篇〉）

性價值是男女雙方在兩性市場的主要籌碼，要在市場裡玩得開心，除了搞清楚遊戲規則，當然要知道手上有多少籌碼。如果把男女吸引階段視作戰場上的兩軍對陣，想提高勝率，必須提高敵軍誤判形勢的機會，同時降低我軍被誤導的情形發生，根據正確情報所做出的攻守行動，兩軍交鋒才有其意義。

也就是說，必須從「知」的角度出手，對敵軍施予打擊。降低敵軍「知」的能力，讓對方屢屢誤判，連出昏著。但說到誤導敵人的能力，男人恐怕遠遠不及女人。

男女互動的套利空間

事實上，被極端女權分子挑起的兩性戰爭，彼此的套利空間已經透過資訊落差大幅開展：

1. 男人沒意識到環境已經變得不友善

大家要知道，我們男人目前處於一個史上從沒出現過的環境。在傳統價值可以維繫家庭的年代，男人好好當個貝塔男，老實把薪水上繳、賺錢養家，老婆會乖乖待在家裡不亂跑。就算老婆比較強勢，不小心罹患「妻管嚴」，最多也是被朋友當作茶餘飯後的笑料，笑完就沒事，被戴綠帽的可能性簡直絕無僅有。

現在可不一樣了。男人只要被女人馴化，成為做牛做馬、阿法特質蕩然無存的可憐貝塔男，接下來迎接自己的，將會是女人的鄙視，輕則對你不再有性慾，重則跟外面阿法小王戴你綠帽，連帶把你辛苦為家打拚的事業一併奪走。

不少男人對時代的認知，還停留在「只要我好好為這個家付出，她一定能明白我的苦心」的純真小確幸。對女人慕強擇偶的天性渾然無所覺，最後就落得歸零下場。

這根本是男人不長進，思維沒有跟著與時俱進，解法正是你手上這本書。所以嘍，閣下要是有這種執迷不悟的兄弟朋友，請買一本送他，雖然不能保證救得回來，但至少你做了該做的事，已經盡到道義上的責任。

2. 男人沒意識到自己的高價值

我常在臉書看到一些明明有車有房、體態正常、年收好幾百萬的優質男人，卻為了被交往多年的女友分手而黯然神傷，就差沒像食神一樣一夜白頭。明明事業版圖的大好江山還在，若重回兩性市場繼續走跳，我敢說絕對會吸引到一群妹子，但卻看他每逢情人節就發文悼念，實在是匪夷所思到讓人搖頭。

說真的，只要男人的性價值還在，沒因為真命天女症奉獻一切，將性價值全部歸零，其實根本沒什麼好怕的，永遠有機會東山再起。用一句話講完男人對女人的吸引力來源：**高檔性價值做底氣，所延伸出的談吐與氣場。**而男人能意識到自己的性價值，正是連接「性價值」與「氣場」之間的主要橋梁。少了它，擁有再高的性價值，也只是個畏畏縮縮的貝塔男。

女人如何破壞男人的「知」

除了女本位主義會挾著媒體優勢，極盡所能來洗男人的腦，破壞男人對環境的認知，女人也會善用由真命天女症所衍生出的種種話術，想盡辦法扭曲男人對自身性價值的判斷。常見的有以下幾種：

「我要的是真愛。」

「我要找的是能為了對方刪掉所有交友軟體的男人。」

「兩人相知相惜是一生中最大的幸福。」

說真的簡直不勝枚舉，根本無法窮盡。要是閣下誤信這些鳥話，把資源投注在單一女人上，那就正中她下懷。

先不說女人會不會因此跟你交往，至少互動期間，你有多少時間、經濟基礎，甚至行為模式全都被掌握。這代表她對你完全沒有想像空間，你的吸引力可說是對折再對折。

除此之外，因為相信女人扭曲男人認知的說法，「一次只把一個妹」這件事等於暗示自己沒有更多選擇。這其實很好理解，如果閣下知道自己的性價值在兩性市場上依舊炙手可熱，傻瓜才會為了一棵樹而放棄整座森林。只要願意將自己放到市場去競爭，女人絕對會用行動證明你仍是熱門商品。當然啦，前提是你要有足夠的性價值。

這件事是女人最害怕發生的，只要心目中的優質男意識到自己的性價值，兩人一鬧不愉快，男人自然可以大手一揮拂袖而去，犯不著惡言相向，收回所有關注，女人就沒戲唱了。

具體狀況是這樣的：只要男人把注意力全押在一個女人身上，那主導權就在女人手上。女人的一顰一笑，都將牽動男人的心神，自然願意為她奉上一切。不論有意或無意，就結果論來看，都對女人最有利。所以女人會用盡一切方法，將男人的注意力留住。無論開心、生氣、討好，只要女人知道男人會跟著自己隨便放出來的音樂起舞、跳入她的框架，將永遠踩在男人頭上，予取予求。

然而，只要男人意識到自己的性價值，知道自己在兩性市場上能有更好的選擇，自然會對性價值不高的女人收回關注。那些整天在臉書無病呻吟窮嚷嚷，卻對男人挑三揀四、極盡刻薄之能事，又愛擺譜的妹子，將從此失去優質男人的關注。此後，她的每一篇貼文只有把不到妹的魯蛇男留言關注。最後，感嘆優質男人怎麼都死光，卻沒意識到是優質男看不上她。

不過，上述情況只是我個人心目中的理想狀況。就真實狀況來說，一堆優質男人根本沒意識到自己炙手可熱，明明旁人看他有八十分的實力，打死也想不透怎會跟六十分的普妹浪費時間。說穿了，是他被女人誤導，以為自己只有六十分，自然只能跟同等級的妹瞎攪和了。

建議行動｜Action

①請身邊的阿法男朋友幫自己評分，看看目前性價值大概落在什麼等級。拜託這個時候請誠實面對自己，要是不幸良藥苦口，也請捏著卵蛋咬牙吞下。

②再重新讀一次法則19。

兵法指引｜Guide

《孫子兵法》著名的「詭道十二法」中的兩項，讓女人活脫脫用在男人身上。擁有高檔性價值的男人，原本可以在兩性市場中充滿自信又好整以暇地讓妹子來把自己，卻被各種暗示真命天女症的言論洗腦，失去對自身性價值的判斷。解決之道很簡單，只要讓自己待在兩性市場裡，自然可以反客為主，提醒妹子必須付出努力，同時要與其他女人競爭，才能贏得優質男人的青睞。

這也是下一章要討論的事：紅藥丸著名的「轉盤理論」（Plate Theory）。

Chapter 4

Plate Theory

第 4 章

周旋於眾女之間的「轉盤理論」

Rule 31

稀缺才有價值

——「勢者，因利而制權也」〈始計篇〉

整個紅藥丸體系裡，著名的**「轉盤理論」（Plate Theory）**正是讓我們男人可以重新拿回主導權的方式。我在前面的法則提過，女人和女本位主義會透過各種主流媒體輿論，用從一而終的道德箝制去限縮男人的選擇，把男人洗腦成真命天女症患者，藉此讓女人自身利益最大化。而轉盤理論正是反其道而行的絕佳破解方法。

之所以叫轉盤理論，正是希望男人和女人的互動可以像馬戲團的雜耍表演一樣，拿根棒子把盤子轉啊轉的，如同厲害的雜耍表演不會只轉一面盤子，轉盤理論也要求男人一次轉多面盤子，一方面藉此大幅增加自己的選擇，另一方面這才是提高吸引力的根本辦法。

道理正是本法則所說的——稀缺才有價值。

沒人搶的東西就是垃圾

我在寫這段文字的時候，適逢全世界爆發新冠肺炎，說不定閣下在讀這本書的時候，疫情依舊沒有緩解，又或者流感化深入我們的生活，必須與之共處。這段期間，一片幾塊錢的口罩瞬間成為救命神物，全世界搶破頭，甚至有錢也買不到。這正是經濟學最簡單的供需法則：需求暴增，供給不足，價格自然暴漲。

把經濟學拿到兩性市場上，明明一樣適用，但多數人（特別是男人）卻選擇蒙蔽雙眼，寧可相信從一而終的忠誠才是獲得伴侶的唯一途徑。其實只要簡單做個市場調查，答案也不證自明。在兩性市場裡，最不缺的就是貝塔男，特別是以為真心守護自然換得佳人點頭的貝塔男，更占其中多數。雖然馬子狗的種種行為永遠能讓女人拍手，但說到底，能真正引起女人性慾的，還是阿法男才辦得到。

再幫大家複習一下：貝塔男掌管女人的物質與理智，而阿法男則掌管女人的基因與衝動。

從市場角度來看，阿法與貝塔並不存在任何優劣高下之分[6]，反正只要女人買單，不管黑貓白貓，能捉到老鼠就是好貓。問題出在女人買單這件事情上。**「男人不壞女人不愛」這句話，不**

6 在我另一門後宮講座裡會提出四大模型，要大家跟妹子相處上妥善拿捏阿法與貝塔的分寸。

光點破阿法男能直指女人基因偏好的事實，更反映了阿法男比貝塔男更加稀缺的市場現況。

我們換個情境，如果今天情況反過來，由「男本位主義」（Androcentrism）掌權，透過媒體洗腦出滿坑滿谷的阿法男，這時苦幹實幹又忠誠奉獻的貝塔男，反而變成女人眼中炙手可熱的稀缺資源，身價瞬間扶搖直上，說不定性價值鐵三角也要跟著改寫，把老實或忠誠納入其中。

可惜，要期待文化發生上述變遷，恐怕比人類演化出翅膀要來得曠日廢時。目前看來，阿法男依舊是稀缺資源，稀缺才有人排隊，有人排隊的東西才值錢。

你要說我物化男性也可以，但我想大多數男人都對這種物化甘之如飴。說穿了，物不物化根本不重要，有沒有拿到好處才是重點。被女人當成搶手的稀有物件，絕對是每個男人的夢想。

女人天生就會轉盤子

細看之下，其實轉盤理論不是什麼曠古絕今的東西，說穿了就是經濟學的供需理論，再用一個聞所未聞的名詞包裝，拿來闡述兩性互動的現象。閣下隨便到夜市晃一下，幾個熱門攤位前面愈排愈長的人龍也能解釋整個機制。

至於應用，不光是大行其道的「饑餓行銷」，拜男人跪舔所賜，女人天生就是轉盤子的好手。擁有極高性價值的女人，每週的跑攤次數絕對超乎一般人想像，手邊的約會對象和待解的支線任務，更是多到男人無法理解。

據我明察暗訪的結果，女人只要認真發狠想約會，一週七天可以天天有行程。或許有一兩條想認真交往的主線任務，但多半會「再看看」，搭配三到四條不等的支線任務備用。或許是怕無聊，又或許是防止主線任務卡關，反正多開幾條線只是彈指之間的小事，如同吃飯喝水一樣輕鬆。

事實上，因為天賦差異，女人本就比男人更適合轉盤子。

自遠古時代開始，女人被賦予待在家打理家務的工作，而男人則是出外狩獵。可能是工作性質不同所演化出的天賦差異，也可能是天賦不同造就適任工作的不同。總之，男人的視野較為專注、直線，比女人更適合聚焦在單一目標上，比如打獵；而女人的視野較為開闊、分散，適合多工和分心，所以可以打掃育兒兼三姑六婆閒話家常，也毫不影響工作效率。

也就是說，要男人轉盤子根本是件違反天性的事。我們男人天生就適合像獵豹一樣匍匐，緊盯一隻獵物不放。若要像葉問一樣一次打十個，除了體力要好，還得像女人一樣具備多核心的CPU才行。既然如此，男人是不是該重回藍藥丸懷抱，繼續對眼前「女神」跪好舔滿，反正天性如此，也毋須強求？

如果你這麼沒出息的話，希望你只是在書店翻這本書還沒買回家，趕緊放回書架留給下一個有緣人。對，的確男人的天性是專注於單一目標，但只要換個思維就能把情境逆轉。既然用獵人心態把妹會陷入真命天女症的困境，不如換個方式：**讓自己變成獵物，由女人來當獵人。**方法就是轉盤子，你一次轉很多盤子，讓女人知道她必須跟其他女人競爭，整個局勢於是隨之逆轉，你也能退居幕後，好整以暇地慢慢挑妹。

而且別忘了，女人的天性並不適合當獵人，讓她違逆天性在情場廝殺，等於身中「Debuff」（能力減損狀態）與男人交手，得利的只會是男人。

至於男人的專注天賦，就用在約會的時候吧。你應該對她的肢體動作、表情、語氣有絕佳的判斷能力，才能進退有據，攻守得宜。

建議行動｜Action

①閱讀亞倫．皮斯（Allan Pease）與芭芭拉．皮斯（Barbara Pease）合著的《為什麼男人不聽，女人不看地圖》（*Why Men Don't Listen and Women Can't Read Maps*）一書，進一步理解男女天賦上的差異。事實上這系列一共有三本

書，另外兩本是《為什麼男人愛說謊，女人愛哭》（*Why Men Lie and Women Cry*）與《為什麼男人愛劈腿，女人愛嘮叨》（*Why Men Can Only Do One Thing at a Time Women Never Stop Talking*），行有餘力建議都讀一讀。

②任意讀一本經濟學的科普類讀物，有供需法則的市場概念做輔助，你才會明白一堆兩性作家講的都是違反人性的話。

兵法指引｜Guide

經濟學的一大假設，是人類皆為追著利益跑的逐臭之夫。用「產品vs.客戶」的視角來看，理當提供對自己最有利，也是客戶最喜歡、銷量最好、最有競爭力的產品。在情場上，銷量最好同時也最稀缺的永遠是阿法男，這是自古以來的硬道理，在人類歷史上行之有千百年之久。我認識不少擅長做生意或跑業務，但在情場上屢屢吃虧的男人，其實只要把做生意那套搬到兩性互動上，通常可以一通百通。

Rule 32

女人寧願共享高價值阿法男，也不愛忠誠貝塔男

「故善戰者，求之於勢，不責於人」〈兵勢篇〉

這條政治不正確，又極度殘酷外加赤裸裸的法則，本來應該放在上一章關於女人的部分作為基礎知識理解，但就操作而言，反倒比較適合當作咱們男人轉盤子的心法，所以我決定放在這洗大家的腦。如果閣下還沒清醒過來，仍然認為女人會因為你的忠誠愛上你，對於「一次開很多條線」這類事嗤之以鼻，反正你書都買了頭也洗了，不妨當一次社會觀察家，重新檢視兩性關係的真相。

婚姻關係的難題

我曾經看過很多諮商師或心理學家，總認為「愛情」和「婚姻」是獨立分開的兩件事。前者是轟轟烈烈的悸動，需要新鮮感去刺激關係的活水；後者是平平淡淡的安穩，需要共識去維繫家

人般的情感。如同人生路上的拐點（對多數人而言通常是向下拐），一經轉折，再也無法回頭。

也因此，心理諮商、婚姻諮商成為另一門顯學，連同溝通課程形成整套產業鏈，看似能解決上述難題，但事實上，要求理性溝通，就像是手無寸鐵卻拿著迂腐儒家教條去要求世界和平，名為高大上，實則一點用都沒有。別忘了，女人的慕強擇偶是終生適用，不論吸引階段、男女朋友，乃至進入婚姻關係亦是如此。

女人最大的痛苦是，進入婚姻關係後發現老公愈來愈貝塔，對他完全失去慾望。即使老公事事順著自己，給予十足的安全感，但總有一種說不上來的空虛，「感覺」就是不對。此時，她若發現身體不由自主被外面的阿法吸引，內外交織的罪惡感與代表忠誠的良知會不斷拉扯，吵架、冷戰等各種生活裡的摩擦，讓夫妻雙方身心俱疲。

我無意阻擋上述溝通產業鏈的財路。或許在職場上可以拿這套跟上司或同事打交道。但在婚姻關係裡想拿溝通當作重燃慾望的聖杯，套個我常在直播講的例子：就像不是你菜的妹子要你跟她上床，卻指望用溝通點燃你沉睡不醒的性慾一樣。我想正常男人聽到這例子絕對秒懂，可是搬到兩性互動甚至婚姻關係，多數男人腦子卻像進水，耳朵也如灌鉛，任我的直播再大聲疾呼，還是相信忠誠和溝通是挽救婚姻關係的唯一解藥，不願直面女人慕強擇偶的黑暗面。

一次忠誠不夠，那就一輩子忠誠——多數男人真的這樣認為。

紅藥丸之所以迷人，在於它是大道至簡的人生哲學。不論你跟女人的關係處於哪個階段，都可以用**「慕強擇偶」＋「性價值」＋「框架」**三合一，構築出一套完美藍圖，甚至預測關係走向。所以這個法則要告訴大家，不光把妹階段，就算閣下進入長期關係也一樣，只要打算跟女人打交道，對紅藥丸而言都是同一件事。

不需要把婚姻和愛情分開來看。嚷著婚姻是人生另一階段、婚姻要用心經營的，多半是特別為了簡單事物弄出複雜論文解釋的迂腐學者。當個高價值的阿法，女人自然會搶著要。高價值男人完全不需要跟對自己有真實慾望的女人溝通。

「高價值阿法男」的行為模式

在阿法男前面加上「高價值」三個字，其實是想跟「魯蛇阿法男」做區別。魯蛇阿法男在一開始也對女人有吸引力，但我向來強調大格局的長期思維，希望各位男性同胞能用高規格標準來自我要求：

1. 敢審核女人

高價值阿法男因為長年被女人追著跑，自然對女人有所要求，不會葷素不忌，更不會來者不拒。他不討好女人，反而是女人該討好他。擁有眾多選擇，當然有資格掉頭就走，也能拿著計分表，在每個選項前打勾或畫叉。一旦妹子沒達到標準，他會用肢體動作或其他潛溝通方式，明示暗示：「恁爸不缺妳一個。」

2. 人際關係有明確分界

如果你的生活中有這類高價值阿法男，會發現他們不光對妹子審核，對男人也拿這套標準要求。我跟好幾位事業有成的阿法男聊過，他們不只審核妹子，連客戶或事業夥伴也比照辦理，客戶就像女人一樣，不好好教導，就等著被「食人夠夠」。說句直白的，在客戶（女人）還沒有向自己證明價值之前，可以和善地與之互動，甚至表達善意先給點甜頭，但絕不可能在獲得回饋之前，傻傻被當韭菜，無止境地付出。

這就是「界線」的力量。有了界線，我們才能把資源投注在有效益的事情上。

3. 生活自律

高價值阿法男通常有個共通點：事業有成。而事業是建立在身體健康的基礎上，深知運動的重要，也明白工作與休閒在生活平衡中扮演至關重要的角色。高價值阿法男不跑無謂的攤，也不參加沒意義、沒產值的人脈聚會，更不打有害事業發展的炮。呃，我指的是會耽誤工作、有社交風險的那種炮啦。

以上，都是高檔性價值所衍生出的行為模式。性價值低落、只追求把妹神技的貝塔男，會誤以為要對女人裝屄才能擄獲其芳心，殊不知遲早被看破手腳，甚至被鄙視。

說穿了，女人反而會因為男人沒空鳥她，在潛意識將這樣的男人認定成高價值阿法男（畢竟貝塔男都在跪舔），顯得念茲在茲而難以忘懷。而這一切，都源自基因的呼喊，源自人性對稀缺資源的渴求，因此繞過理智，超越良知。女人內心深處都有潘朵拉的盒子，男人的阿法特質就是鑰匙。

建議行動｜Action

① 到我的頻道收看「婚姻跟愛情是兩回事嗎？」直播影片。

② 閱讀《性、謊言、柏金包》（*Untrue: Why Nearly Everything We Believe About Women, Lust, and Infidelity Is Wrong and How the New Science Can Set Us Free*）一書。

兵法指引｜Guide

女人的種種天性屬於客觀要素，能否善用客觀要素，取決於閣下的本事。用道德大旗去要求女人忠誠，等於變相承認自己無能。懂得用「勢」，自然不會對「人」苛求。所以維繫關係的重任其實在男人肩膀上。女人的慕強擇偶讓她們被強者所吸引，那成為阿法男就是我們責無旁貸的事。至於要用女人慕強擇偶的「勢」去轉盤子、被女人群花簇擁，還是專心一志在婚姻中領導長期關係，就看閣下的個人選擇嘍。

Rule 33 學習黑暗三性格

「故其疾如風，其徐如林，侵掠如火，不動如山，難知如陰，動如雷震」（〈軍爭篇〉）

要男人當個一次轉多面盤子的「渣男」（女人絕對會用這詞指控男人），對藍藥丸世界的貝塔男來說簡直是毀天滅地的大事。被溫良恭儉讓的愚民儒家信條餵養長大的他們，第一個要面對的難關恐怕是道德上的自我懷疑。縱使從一而終、把女人擺上神壇的各種跪舔會大幅限縮他們的選擇，可只要人人把愛情奉為如同信仰的教義，那為了信仰而死也在所不惜。

不過嘛，雖然看似道德難關，但我教課多年最常被學員問到的一個問題，卻也反映男人心底深處的真實慾望：「女人會不會因為覺得我是渣男而不理我？」要回答這個問題，閣下只要把上一章再翻一翻，答案也呼之欲出：**女人理智上覺得你是渣男（貝塔狀態不合格），但身體卻不自主地被你吸引（阿法狀態過關）**，就像鯊魚聞到血一樣，往你撲上去。結案。

然而，這個問題反映了貝塔男骨子裡僅存的機會主義。問題背後的假設前提，說穿了還是利益考量。多數男人之所以不願當渣男，除了女本位主義所洗腦的真命天女症占了部分原因之外，考量到當渣男可能會被女人討厭，降低自己的機會，對這種看似吃力不討好又違背「良心」的事興趣缺缺。有些變本加厲的腦殘還會改為投入白騎士陣營，跟著女人一起討伐渣男。

我說過，白騎士沒有比較高尚，也是機會主義下的決策選擇。既然講求利益，我們自然要用更好的作業系統去運作。對多數男人來說，轉盤子是套全新（黑）科技，也是威力強大的軟體，但若妄想拿遠古時代的作業系統去操作，再屌的軟體也跑不動。你需要升級自己的作業系統，從騎士精神轉投到黑暗三性格。

黑暗三性格

第一次接觸到黑暗三性格的概念，來自《非典型力量》（*The Wisdom of Psychopaths*）這本書。書中講的其實是「病態人格成功學」，是一本把病態人格特質應用在事業與人際關係的指導手冊。而帶有黑暗三性格的男人，除了在事業上成效斐然，情場也勢如破竹。美國新墨西哥州立大學做過一項研究，帶有黑暗三性格特質的男人，能擁有更多的性伴侶。這簡直是為了轉盤子而量身打造的人格特質。

1. 高度自戀

是的，高度自戀指的是滿到頭頂的自戀程度。正常人看到這種人，理智上或多或少會產生厭惡感，可又不自主被他所吸引。自戀絕對是人格魅力的來源之一，美國總統川普正是其中典範（好啦我承認自己是川粉）。高度自戀的人有強大氣場，真心相信自己的能力，斬釘截鐵的說話語氣和肢體動作都帶有扭曲現實的威力，就算是講幹話，也能把群眾唬得一愣一愣。

但我要提醒，雖然「自戀」本身威力十足，跟「自大」也有說不清的曖昧，有些笨蛋就是會把「自卑轉自大」當成自戀，用高傲的語氣與女人相處。殊不知，沒有硬價值當底氣，女人老早就對這種跳梁小丑行徑免疫。

要區分高度自戀與自卑轉自大，最簡單的方法是硬價值多寡，以及是否意識到自己手上的籌碼。這是那些販賣自信的課程永遠不敢告訴你的事。

2. 絕對冷酷與無所畏懼

冷靜讓男人有指揮若定的氣場，暗示一切都在掌控之中。與動輒驚慌失措、情緒起伏劇烈、多愁善感的暖男相比，女人會不自主地被冷靜的男人吸引。能掌控大局，怎麼看都是阿法男才有的行為模式。別忘了，阿法男的核心，正在於「主導」兩個字。

無所畏懼與冷靜是相伴隨行的人格特質，兩者幾乎密不可分。無所畏懼讓男人更勇於嘗試各種方法，不論搭訕、聊天，或開口約上床，完全沒有被拒絕的恐懼與糾結。很多事是你要敢開口去試，機會才會掉到你手上。自古無場外的舉人嘛。

我的課堂上有很多學員朋友問我：要怎麼委婉向女生開口表達想開房間這種難以啟齒的事？但具備黑暗三性格無畏特質的男人，會用淡定的語氣，直接問女生要不要休息一下，有時候還真給他成功達陣。就算被拒絕，頂多鼻子摸摸，不會帶有一絲沮喪，船過水無痕，下次再說。我的意思是，如果下次還有機會約這妹子出來，他會當這件事沒發生過，厚臉皮地再講同樣的話。

3. 不擇手段的利用

不擇手段讓人可以嘗試各種方法達成目標，就成效來說其實是最能達標的。曾有人開玩笑說「賺錢的方法都寫在《刑法》裡」，與不擇手段有著異曲同工之妙。更進一步說，因為不擇手段，所以沒有莫名其妙的框架去束縛自己的創意，而有更多方法可選擇。所以嘍，貝塔男要把妹，通常只知道犧牲奉獻和告白這兩招；阿法男則像擁有一整座軍火庫，永遠都有出其不意的招去撩妹，簡直是不斷突變的病毒，讓免疫系統防不勝防。

然而，雖說是不擇手段，但在紅藥丸的範疇裡還是有其下限。這也是紅藥丸與病態人格的最大不同：**大局觀**。真正的病態人格是沒有大局觀的，為了快感、為了睡妹，會不惜捨身犯法大捅樓子。明明風險和報酬不對等，卻只看到短期效益，於是鋌而走險，不小心進監獄吃牢飯而毀掉自己的人生，對病態人格患者來說其實並不罕見。

而紅藥丸可不會這麼笨。雖然不擇手段，但考量的是整體人生規畫。轉盤子的目的，只是讓自己有更多選擇，能把更多資源投注在事業上，把妹只是順便，不見得非把不可。

我曾問過學員一個問題：如果睡一個妹，會毀掉年收三百萬的事業機會，這妹子你睡不睡？

建議行動｜Action

① 到我的頻道收看「阿法男的性魅力：黑暗三性格」直播影片。

② 收看韓國瑜在二〇二〇總統大選辯論會的影片，觀察他如何應對各種問題。呃……他也只會用同一種方式回答問題。

兵法指引｜Guide

黑暗三性格是男人轉盤子的底氣來源，也是讓執行力大幅提升的關鍵。兵法後面兩句的「難知如陰」與「動如雷震」，也正是要我們學會「深不可測」這件事。事實上，許多初學把妹的藍藥丸貝塔男之所以內外不一致，各種招式使起來有如小孩穿大鞋一樣彆扭，說穿了，也是因為不具備黑暗三性格。

但我要提醒大家，黑暗三性格雖然有助於吸引女人，也能提高性伴侶數量，但卻會影響長期關係的相處，一個三觀正確的女人是不可能被你這樣糊弄一輩子的。男人的正直人品、平穩情緒，加上始終維持高檔的性價值，偶一為之來點黑暗三性格，增加一下悸動，才是領導長期關係的另一個關鍵。

Rule 34

不要害怕被女人拒絕

「不知山林、險阻、沮澤之形者，不能行軍」（〈軍爭篇〉）

「被拒絕」並不好受，害怕被拒絕也是人的天性。我相信做過陌生開發或常到街上搭訕的人，對這感覺並不陌生，大概十之八九的人會因為無法適應而宣告投降，能繼續在戰場上駐足的始終是少數。但我可以斷言，能夠熬過初期的內心不適，被拒絕的種種不安也會變得愈來愈無感，到最後你就能處之泰然，成為臉皮厚如城牆的勇者。

這也是我認為學習街頭搭訕的好處之一：練習厚臉皮（這項好處有太多方式可以取代就是了）。雖然蒐集口袋名單的效率遠不如被動經營社群網站或交友軟體，但練習直接面對妹子的洗臉，對日後兩性互動的學習可說是大有助益。要學把妹，第一件事就是學著厚臉皮。有道是「禮義廉恥，國之四維」，但此時此刻把「恥」忘掉準沒錯。

不過，雖然像個無賴一樣把「恥」忘掉很重要，但對男人而言，這條路並不好走。當初謎男提出「三秒法則」（3 Second Rule）[7]，幫男人解決搭訕時的恐懼與猶豫，卻沒有因應跟妹子實際互動的情境提出解法。事實上，這本來就無法透過什麼特殊技巧來解決，**學著面對被拒絕，是一個男子漢在人生道路上必須掌握的技能。**不論職場還是情場，我們都需要跟「被拒絕」相處。

看似安全實則無形自殺

為了逃避被拒絕的窘境，男人想出很多辦法，只為了讓自己感到舒服一點。殊不知這是飲鴆止渴，長期來看會扼殺雄風：

1. 永遠只在網路上聊天

雖然我的課著重在網路上跟妹子互動的情境，但我一定會再三提醒：絕對要想辦法約出去。不約出去，你不會知道妹子對你的感覺如何，也不會知道有沒有機會續攤。少了實際見面時對語氣和肢體語言的判斷，網路上聊得再開心，都可能是妹子刻意為之的結果。

很多男人以為跟妹子要ＬＩＮＥ、加了臉書或ＩＧ，等同於在把妹上獲得重大進展，躲在手

[7] 三秒法則（3 Second Rule）：看到妹子的三秒內上前搭訕，否則會被內心恐懼淹沒而躊躇。

機螢幕後面沾沾自喜。殊不知妹子給你這些管道，只是多個認識你的方式，更不用說抱著同樣天真想法的競爭者多不勝數，妹子光是處理各種三餐問候就忙不完了，厲害一點的還可以弄出一堆假象，讓你以為跟她有戲。說實話吧，在網路上跟妹子聊天真的不算什麼，約得出來才有後話。

2. 聊得很開心

市面上有不少書籍或課程會拚命強調聊天的重要。說穿了，這種想法都是「先從朋友當起」的延伸，把女人對男人的慾望當作線性累積的「量變」，而不是能階式的「質變」。

前面的法則講過，一般男人總以為妹子愛上自己的過程如同水沸騰的過程，而聊天正是唯一的加溫方法。跟妹子聊得開心、能想出一堆哏來無話不談，時間久了，自然會從朋友關係昇華，妹子會突然答應跟自己交往。

然而，不論是網路聊天還是實體互動，只要少了兩個關鍵步驟，哪怕你們聊到連祖宗十八代都摸得一清二楚，妹子對你還是不會有慾望。水加到一百二十度，只是從液態變氣態，你們的關係本質上還是朋友，絕不會因為多聊幾句話就產生改變。

可是，有些笨蛋還真相信這套煮水模型，以為聊夠久夠熟就該告白，而傻傻告白的結果，換到的是妹子一臉懵樣，她們的官方說法向來都是**「我以為我們只是朋友」**，用「朋友卡」結束整個回合。這就是典型的「LJBF（Let's Just Be Friends）拒絕」，簡單、好用，又能占據道德高度。我覺得LJBF真是女人圈中的偉大發明之一，比無薪假更有資格拿諾貝爾獎，只要拿出「朋友」當擋箭牌，錯就在男人身上：明明朋友當得好好的，幹麼要告白破壞這段關係？

有些心機重的妹子，在你告白失敗後會繼續用朋友角色將你轉成工具人。只要男人蠢到以為是水溫不夠熱，鼻子摸摸繼續退回朋友位置，想說多煮一下開水再來告白，那麼這些妹子就能故技重施，讓你從「工具人」變成「『真』工具人」，希望閣下不要傻傻入坑。

當面拒絕的好處

被拒絕當然讓人不快，但甜蜜的果實總要花點工夫才能摘到，真正的機會也不會憑空掉到手上。願意面對被女人拒絕的風險，可以有以下好處：

1. 質變的關鍵

適時向妹子表達對她的慾望，才是點燃她慾火的不二法門。但是，這絕對不是要你看到妹子就直球問「欲相幹無」，也不是到處對女人傳屌照自以為撩妹（很多蠢男人真的以為女人的慾望跟男人一樣好撩）。要引發女人的慾望需要拿捏火候，也需要足夠的社交直覺判斷時機，否則撩妹不成，你可能會被告性騷擾而上新聞，不可不慎。

在合法又合理的前提下（你不能讓自己被告，也不能在社交圈身敗名裂），先不論成功與否，就算被拒絕了，至少代表你願意踏出八〇%男人不敢跨出的一步，不光是從技術角度還是勇氣層面，閣下都值得嘉許。

2. 持續精進的上進心

勇於面對拒絕，也代表你不害怕競爭，隨時隨地都能整裝待發，重新投入市場。不光是男人，女人也是一樣。很多人甘心忍受糟糕的伴侶，在搞死自己的長期關係中載浮載沉，說穿了，只是懶得再跑一次約會流程，也害怕被拒絕的不適感再度上身。既然害怕被拒絕，要麼忍受糟糕的伴侶繼續在生活裡攪和，要麼就得有孤獨一輩子的打算。

把一個超級業務員丟到沙漠，他絕對有辦法找到適合自己的市場，重整旗鼓闖出一番天地。紅藥丸覺醒的男人，不一定人人是強者，但絕對會讓你跟打不死的小強一樣，有著頑強生命力。

建議行動｜Action

①試著從事業務性質工作。這世界上沒有一份工作像業務一樣，能鍛鍊被拒絕的心理素質，又能同時累積事業資本，絕對是身為阿法男的必修課之一。

②摸著良心細數一下被妹子拒絕的次數，如果一根手指頭數得出來，那先不談把妹技巧，而是你的心態有問題。說白一點，這不是直球與變化球的抉擇，而是根本連球都沒丟出去。

兵法指引｜Guide

兩性相處中的被拒絕風險，正如同軍事領域裡的「地形」，只能順應為之，千萬別妄想可以永遠避開，甚至繞道而行。一個有頭腦的男人，應該如同一名優秀將領，能分清楚什麼是可避免的不必要風險，而什麼風險必須將其傷害最小化，與之和平共處。

Rule 35

領導男人就能領導女人

「後人發，先人至，此知迂直之計者也」（〈軍爭篇〉）

其實標題的第二個「領導」，應該像這樣加個引號才對，如同你會想歪的雙關語，我要表達的正是這意思。時下把妹圈始終流行一種說法，要男人想盡辦法跟女人合照，藉此拉抬自己的身價。概念源自《把妹達人之謎男方法》中的「預選」，意思是有人搶的東西總是比較熱門，把妹子擺在身邊，至少可以證明自己是炙手可熱、妹子搶著合照的風雲人物。

於是，一堆笨蛋阿宅把上面的教條當真，明明宅氣滿身，卻到各大電玩或汽車展場找show girl合照。要知道，人家是因為工作，就算笑容再尷尬、內心再不甘願，依舊可以敬業地擺出樣板笑容，用看似天真無邪的假笑，幫宅男們完成老師交代要死命生出來的「預選」作業。你一定可以在阿宅的社群網站上，看到他們喜孜孜地炫耀跟正妹的合照。明明氣場極度不相稱，妹子也一臉被逼著上架的窘樣（我的意思是笑容底下的窘樣），但就是有男人覺得跟正妹擺在一起是最棒的示高價方法。

喔順道一說，在我上一本書《壞男人的孫子兵法》提到的「行銷大神」，似乎也是這套預選做法的愛用者。

說到氣場，這也是透過跟妹子合照展示預選之所以不管用的理由。大多數氣場不夠的男人，唯唯諾諾的奴性統統寫在臉上，一臉藍藥丸貝塔男模樣跟妹子擺在一起，直接高下立見，這種照片放上去只是找死而已。其他妹子看了，別說用什麼預選招幫你加分，根本在心裡大笑你的迂。吸引力？是在哈囉？

預選的誤區

其實，預選背後的原理是對的，只是被一群書只讀一半的人誤用而已。正如同法則31所說，稀缺才有價值，有人搶的東西，理論上比較稀缺。營造被妹子圍繞的環境，或許可以讓人以為自己是女人搶著要的男人，然而問題卻出在呈現方式。

第一，當然是前面講到的氣場。男人需要有一定歷練，才能對氣場有正確解讀。而女人只要有中人以上之姿，從小到大就被各種男人跪舔，早已練就一雙火眼金睛。閣下即使千方百計營造出被妹子圍繞的環境，試圖用預選來掩人耳目，多數女人還是能從肢體動作與微表情等線索，一眼看出閣下配不配得上身旁的妹子。

再者，女人偏好的是潛溝通，而不是過於直白的呈現。你想方設法營造出被妹子圍繞的假象，在女人眼中，這些都是刻意為之、拚命向女人證明自己多麼炙手可熱的行為，過於直白的表露，只會讓她覺得你幹麼跟我說這些。

特別是把框架考慮進去，你才會知道什麼叫作險象環生。

大多數男人以為的預選，如同前面所說，只是營造自己妹很多的環境。不管三七二十一，反正只要把妹子放在身邊，對其他妹子的吸引力自然水漲船高。所以他們會選擇跟女人當朋友，甚至不惜委身成為她的姐妹，以身為女人的好閨密自豪。成為女人的好閨密，至少身邊圍繞的都是女人，看起來也不缺女人。

我說過很多次，女人有著遠勝過男人的社交直覺，能輕易判讀你的氣場，也能解讀你跟他人互動的框架。當你試圖用朋友框架營造出自己妹很多的假象，其實女人都看在眼裡。對她來說，或許你是個無害的暖男，討人喜歡、很會做人，是大家的好閨密，但真要說讓她心頭小鹿亂撞的雄性魅力，說不定還比不上永遠只放獨照、像孤狼一樣的阿法男。

我不是說不要跟女人當朋友。不分性別與人交友，是社會化的基本技能之一。我要說的是，如果你試圖用朋友框架去營造自己妹子很多的預選假象，藉此幫自己把妹，絕對適得其反。有吸引力的男人，妹子不會想跟他當朋友，只會想著怎麼把他撲倒，「當朋友」絕不是選項之一。

試著領導男人

要理解男人的魅力來源，去解讀歷代開國皇帝往往能看出端倪。成吉思汗有空像我們這群小魯一樣，在這鑽研把妹之道嗎？沒有。他一生中最常幹的，是帶領蒙古鐵騎橫掃歐亞大陸，打下一座又一座的城池。功成名就後，自然坐擁江山，享受取之不盡的榮華富貴，也包括爭先恐後想被他臨幸的女人。據說，成吉思汗的後宮有五百人，一晚一人，也要一年半才能跑完輪值。而他的後代則高達一千六百多萬人，整個亞洲有八％是他的後裔，連歐洲都找得到其後代，真是舉世無雙的人間種馬！

如果說權力是男人的春藥，那握有權力的男人更是讓女人如飢似渴的春藥。常看我直播的朋友，一定能輕易理解這句話。說穿了，女人的基因無法抵禦男人的阿法狀態。遇到真正的阿法男，她只想臣服，一點都不會想跟阿法男當朋友。女人內心深處渴望被男人領導，就看閣下的阿法狀態夠不夠力，能不能點燃她心中的火燄。

女人看男人，永遠只有兩種角色：一種是想撲上去的男人，另一種則是沒有興趣的男人，但卻會用「朋友」這類政治正確的說法，來掩蓋這項對男人來說殘酷的事實。玩預選當然可以，要注意框架就是了。說句實話，只要閣下平常身居領導地位，慣於對他人頤指氣使，妹子自然能讀出隱藏在背後的阿法氣場，有沒有跟其他妹子合照，其實也沒那麼重要。

真正厲害的預選，潛藏在談吐與眉宇之間，哪怕孤身一人，就算一句話都不說，也能透過語氣和肢體動作，向其他妹子傳達出「恁爸妹很多」的潛臺詞。而多數女人就吃這套潛溝通方式。男人統御千軍萬馬的氣場，會使她們像鯊魚聞到血一樣，拚命撲上去。

建議行動｜Action

① 從今以後，臉書或IG大頭照只放獨照，不要沒出息地放跟正妹的合照。要放照片就靠自身氣場撐起全部，別妄想蹭身旁正妹的存在感。

② 檢視與身旁妹子的關係，工作有往來的當然是朋友框架最適合。但如果明明是想把的妹，卻老是操盤成朋友關係，最好對自己的調情技巧檢討一番。或許轉

換一下心情，認真拚事業是個不錯辦法。

兵法指引｜Guide

透過領導男人來吸引女人，看似繞遠路，實則大格局的長遠之計，可說後發先至。一來訓練自己的阿法心態，二來領導男人的過程中，同步培養在職場的社交技能與理性思考，讓事業基礎更加穩固。不過，真正紅藥丸覺醒的阿法男絕不會為了把妹而刻意去領導男人（以把妹為動機做的任何事通常都以失敗收場），對他們來說，領導男人是衝事業的必經之路，而妹子只是過程中不小心撩到的，大家還是要弄清楚前因後果才好。

Rule 36

貝塔炮是甜蜜毒藥

「途有所不由，軍有所不擊，城有所不攻，地有所不爭，君命有所不受」（〈九變篇〉）

最近在我的群組，有人發了某媒體專欄女性作家的文章連結，議題看似辛辣，講的是男人該如何於一天的完美約會後，在燈光好氣氛佳的前提下，順利跟女生上床的SOP。單看標題，本以為終於有篇比較開明的文章，能站在人性角度跟讀者朋友聊聊情慾的真相。殊不知點進去一看，媽的，居然要男人極盡跪舔之能事，把女人奉若上賓，就差沒把她當成聖母瑪利亞一樣在拜。不僅要男人把注意力全放她身上，還不准滑手機，如此一來，被取悅的女王才恩准開腿。

特別是當這種（廢）文發在男性媒體，一般男人根本不知道裡頭暗藏殺機，以為妹子既然開了規格，只要能成功達標，她會遵守諾言。事實上，你千萬別傻到這種事可以像契約一樣去要求女人。就算你真的達成女人的一切要求，當她因為慾望沒被撩起而臨時反悔，難道你可以指著她的鼻子罵她言而無信嗎？別傻了。

有位常看我直播，同時也是我上一本書《壞男人的孫子兵法》的讀者朋友，到粉專跟我討論與妹子的交手過程。只見他給我的對話截圖裡，妹子極盡盛氣凌人之能事，拚命開規格、訂標準，一臉老娘就是女王的高姿態。沒有看我的直播而未紅藥丸覺醒的男人，早就屈從在慾望底下，不惜捨棄男人的尊嚴。

這位朋友最後給了我一句話，不僅讓人覺得孺子可教，也很值得在這分享給每個男人謹記在心：**「我寧願站著打手槍，也不要跪著打炮。」**身為男人該有的氣魄，在這短短一句話表露無遺。大丈夫當如是也。

但我說過很多次，性匱乏對男人而言是種巨大的吸引力，跟沒飯吃一樣嚴重。這種把胡蘿蔔擺在男人眼前晃啊晃，卻要以男人尊嚴為代價的「貝塔炮」，絕對是一堆人搶著買單。

貝塔炮的定義

顧名思義，指的是要男人捨棄阿法框架，化身為貝塔男換得稀缺的「性親密感」，以滿足自身的性匱乏。一般而言有以下特徵：

1. 女人用理智決定要不要跟你打炮

也就是說，你沒有成功撩起她的慾望，她便得以用理智決定要不要跟你打炮。這並不難理解，貝塔男管的是女人的理智，而阿法男管的是女人的慾望與情感。事實上，要是閣下真的用阿法框架撩起妹子慾望，她搶著撲上去都讓你忙不完了，哪有空管一堆女人開出來用來擋其他廢柴的奇怪規則。

2. 通常要男人捨棄自己的框架

如果你還無法理解框架的奧妙，不妨這麼思考：整件事情，到底是按照誰的規矩來？如果你誘惑她，撩得她慾火焚身，拚命求你跟她打炮，那就是按你的規矩來，主控權在你手上，要不要成全她都看你心情，標準阿法炮是也。但如果她開了一堆規矩，要你學狗叫、舔腳等各種捨棄男人尊嚴的事，就算事後真的守信用跟你打炮，對不起，這還是貝塔炮。

而丟失框架的副作用還會延伸到日常生活的待人處世上，不僅兩性相處出問題，火也會燒到職場或商場的人際關係。也就是說，沒把貝塔病毒消滅殆盡，放任它到處肆虐，下場就是愈來愈貝塔，讓女人失去原本的景仰之心。

多數女人還是吃男人阿法那套。為了獲得性快感而自甘墮落成貝塔，如同為了一棵樹放棄整片大好森林的愚行。特別是很多檯面上教把妹的導師，拿貝塔炮（很多還是畫大餅的騙炮）的方式來誤人子弟，根本是毒害蒼生啊（搖頭）。

我就問你一句：如果女人跟你說要當工具人才能跟她打炮，你幹不幹？

常見的貝塔炮陷阱

既然知道貝塔炮的形式，也要列舉常見的貝塔炮陷阱，幫大家提高警覺，避免把致命毒藥當成糖蜜在嚐。事實上，最可怕的貝塔炮陷阱，並不在於把妹的吸引階段，反倒是兩人進入長期關係後，女人會把性當獎賞，藉此馴化男人。

特別是「同居」，這在紅藥丸體系中是導致麻煩的紅燈警訊之一，法則49會細講這件事。然而，單就女人馴化男人的角度來看，同居的環境其實容易使主客角色對換，讓女人拿性當獎賞，使喚男人做出自己期望的事。與此同時，男人的阿法魂便一點一滴被消滅，原先好不容易殺死的貝塔，也藉機起死回生。

舉個例來說，當你跟同居女友因為誰該洗碗的雞毛蒜皮小事吵架，開始冷戰。通常這種時候比的是，誰的框架比較硬、誰的心理素質比較強、誰能撐住尊嚴而不委屈道歉。先說明一下，我並不是說吵架這種事誰先低頭就吃虧（雖然先道歉的一方真的會丟失框架），而是即使錯不在自己身上，很多男人也會因為女權大外宣作祟，認為不論對錯，都要先由男人道歉來解除冷戰狀態。的確，冷戰狀態可以因為男人主動道歉解除，但若明明錯在妹子，你卻主動道歉，一來你把妹子寵壞，二來你也因為無法堅守原則而被鄙視。

特別是你性飢渴的時候，如果跟伴侶處於冷戰中，那該怎麼辦？道歉嘛，道歉就能解決了。只要跟妹子低頭，她就會因為你的順從，給你最想要的東西。但你身為男子漢的阿法框架，也隨著妥協與屈從而一點一滴地消失。我敢保證，以後是你要看女人心情求她跟你做愛，因為失去阿法框架的你，對她而言將不再有吸引力；她對你不再有慾望，卻可以因為你的順從而賞你一炮。

誰是主誰是從，應該非常清楚了。

建議行動｜Action

①觀察女人跟你在床上的反應。看是熱情如火，還是交功課應付了事。如果是後者，那很可能是貝塔炮。

②一旦女人擺出高姿態，或對你廢物測試，在還沒想出破解方式之前，永遠有招安全牌，就是收回關注，甚至掉頭就走。當然廢物測試答得好，可以大幅加分，但對初學者來說，還是先求不失分要緊。要知道，貝塔炮的可怕之處就是，沒通過廢物測試還能獲得獎勵，而代價卻是讓你的男子漢氣概一併陪葬。

兵法指引｜Guide

女人給予的貝塔炮，在軍事學上可以視作讓敵人誤判的誘餌：也許是明晃晃的空城，也可以是擺在路上任人撿的裝備糧草。短視近利的將領會認為不拿可惜，或覺得敵人露出這麼明顯的破綻，不進軍突擊實在對不起自己，但卻沒發現，如此一來會打亂原先的部署，因為一點小利而讓自家軍隊大亂。說因小失大，實在不為過啊。

Rule 37

轉盤子要無所畏懼

「故三軍可奪氣，將軍可奪心」（〈軍事篇〉）

大多數人學把妹，總想學個一招半式跟妹子互動。時下流行的「否定」（Neg）、「取笑」（Tease）、「驕傲風趣法」（Cocky & Funny）等各種招式，宛如讀金庸武俠小說一定知道降龍十八掌、打狗棒法、化骨綿掌這類朗朗上口的成名絕技，沒聽過這幾招的威名，別跟人說你學過把妹。

但我觀察市場上主流消費者的心態，往往只想學習招式本身，卻不願仔細思考招式背後的內涵。我認為很大的原因是，這些招式的創始人本身並沒有經歷紅藥丸覺醒的過程。謎男本人就是最好的範例，即使感情生活一團糟，還是可以靠著三言兩語，憑藉當時網路並未普及所造成的資訊落差，照樣把妹子唬上床。但是，時代不同了。

心理素質的重要

要活得像紅藥丸並不容易。除非你能洞悉招式背後所需要的心理素質，否則只會像初學者一樣，沉溺在招式大海之中，還差點把自己搞到淹死。然而，即使每個人都知道心理素質很重要，卻還是一堆人以為自己早就具備強大的心理素質，缺的只是招式而已。特別是那些只收幾百塊的講座，在場超過八成以上的聽眾，都是抱著撿便宜的心態想學個一招半式，再妄想拿這些招式把妹子搞上床。他們至死也不會明白，即使是威力開天裂地的降龍十八掌，分別讓魯有腳、郭靖、洪七公來使，也會有天差地遠的不同。

背後的關鍵，正是心理素質。不妨把心理素質視為智謀領域的「內力」，不管你有再多的陰謀詭計或陽謀手段，唯有冷靜的心理狀態，才能幫你用動若觀火的眼光做出正確決策。而心理素質則決定閣下有多大程度能保持冷靜。心理素質愈強，愈能做出正確判斷，使用什麼神奇詭計反而不是重點。

也就是說，內力強似鬼的洪七公，別說降龍十八掌，隨便一個平淡無奇的正拳也能把人打上天。如同擁有強大心理素質、紅藥丸覺醒的阿法男，根本不需要謎男那種被貝塔男視作靈丹妙藥的祕笈，只要收回對女人的關注，把重心放在自己身上，一般貝塔男會遇到的兩性問題，往往也能迎刃而解。

行文至此，如果閣下依舊認為自己心理素質很強，心法都懂，只缺招式，不妨想像以下情境：今天你有幸認識一個顏值身材皆屬上乘的妹子，這妹子的等級在你原先的生活圈裡根本想都不敢想，也不知道走什麼狗屎運，或許是太陽黑子產生的地球磁場變化，這高分妹居然開了好大的綠燈，暗示你跟她上床。但是，激情過後兩天，你卻發現這妹子開始對你愛理不理，明明上床前興致高昂，上床時也熱情如火，怎麼才打了個炮就差這麼多？於是你心神不寧，甚至懷疑是不是自己床上表現不佳，才落得如此結果。

如果你有上述情形，那恭喜你，完全沒有學會心理素質的精髓，連沾到邊都沒有。請把這個法則的標題多唸三遍，然後繼續讀下去。

誰走了都一樣

轉盤子有一個重要前提：**任何一面盤子掉下來破掉，你都不會因此受到影響。**理想狀況下，你的心裡不應該起一絲漣漪，就像獅子老虎打獵失敗一樣，鼻子摸個兩下再去找下一隻獵物，完全不需要患得患失。雖然人類還是有基本的七情六慾，但頂多沮喪個五分鐘，你必須在短時間內重新站起來，繼續找下一個盤子遞補原先的空缺。

是的，你不能因為盤子破掉，讓自己拚事業、活出精采人生的雄心壯志受到影響。如同前面正妹突然消失的例子，你不能因為害怕盤子破掉而把女人捧上神壇，當作女神來拜，多數情況下會自毀框架，讓妹子失去原先對你的景仰。

人生主角只能是自己本人，從來就不是妹子。

理論上這本書的讀者會是異性戀的男性，那我用理工男能理解的方式來解釋轉盤子的心態，以及該有的權衡與隨機應變：

你不妨將妹子想成一個集合，自己的人生事業想成另一個集合。**事業集合的優先順序，一定要在妹子集合之上。**就算妹子跑了，你至少有事業和理想（除非你是連理想都沒有的鹹魚）。轉盤子的過程中，不需要患得患失而綁手綁腳，也不需要因為任何一個盤子破掉而搞得像世界末日。正所謂「有事業，無懦夫」。如果你身旁還有男人為了女人跟自己分手而一蹶不振，請你做好事，積點陰德，拉他一把。

唯一能妥協的，是集合的交界處。是的，事業集合應當壓在妹子集合之上，但如果是事業集合的最底層，對上妹子集合的最高層，偶一為之的放縱倒無不可。比如你有份工作的底線是一個月後交件，原本泡了杯好茶安排今天趕點進度，但剛好有位九分正妹傳訊給你需要救火，這時你也別自命清高，說什麼事業心最重要之類的屁話。事有輕重緩急，人也有三急，正妹需要強者男人替她的生活增添幾分色彩，這種當務之急更是其中之最，別對不起人家妹子，也別對不起自己的小老弟。

但如果眼前工作有燃眉之急，明天要跟客戶進行攸關公司生死的簡報，那就沒什麼好說的。為了妹子把正事丟一旁不是不行，只是你必須坦然面對事業崩盤的結果，做之前要把風險考慮清楚，事情爆炸了也別怨，一切都是你自己選的。

最後，前面舉的例子並不罕見，也許很多人想知道，明明燈光好氣氛佳床上互動愉快的妹子，為什麼會突然消失不理自己。說真的，我也不知道。也許她一時昏頭，也許她買家後悔（你要慶幸沒被MeToo），也許她遇到另一個讓她心動的阿法男，又也許你們在床上晃動太大，讓你千方百計戴好的阿法面具脫落，露出面目可憎的貝塔真面目。總之，我不會通靈，不知道原因究竟是什麼。但我得說，妹子的心情和當下想法不是我們可以掌握，在紅藥丸體系裡，心理素質是整體系統運行順暢的關鍵，也是身為男人最能掌控的一項，做好你該做的，讓心情穩定，其他的事就別庸人自擾了。

建議行動｜Action

①到我的頻道收看「PUA的困境，紅藥丸幫你解決」直播影片。

②試著不理手上所有妹子三到五天。是的，所有妹子。去體會把重心放在自己身上的感覺，你會發現比追在妹子屁股後面跑要充實許多。

兵法指引｜Guide

心理素質的重要，正如士兵的士氣與將領的內心狀態，絕對是左右戰局的關鍵。當你開始對盤子患得患失，或害怕盤子破掉而綁手綁腳，在戰場上便已失了先機。也因此，紅藥丸覺醒的阿法男，不會像藍藥丸糾結在單一妹子。只要能打造出運行順暢的轉盤系統，任何一面盤子破掉，隨時可以找到替補對象，完全無所畏懼。

Rule 38

想像力才是女人的超能力

——「善守者藏於九地之下」（〈軍形篇〉）

延續法則28，我想再跟大家聊聊女人的「想像力」這件事。雖然標題說這玩意兒是女人的超能力，但或許有人覺得是種反諷（哈哈被你發現了，只不過在公開場合我絕對不會承認），事實上我只是善盡揭露兩性真實面的義務，讓女人知道自己的弱點，也讓男人知道自己的優勢。

雖然想像力是女人的超能力，但真正能讓其發揮威力的，其實是男人。是的，沒有男人的一搭一唱，女人的想像力絕對派不上用場。也因此，善用女人的想像力，正是轉盤子過程中不可或缺的一環。

自毀長城的男人

什麼樣的男人最沒有魅力？也許你會用時下主流審美觀來回答這問題：身高矮、體型乾癟或肥胖、沒有主見，不用讀我的書，找個主流媒體刊登的兩性廢文，派隻猴子都找得到答案。

當然，上述答案我也同意，可是男人的魅力不光只靠外表或打扮。大多數男人把自己跟妹子弄進朋友圈的陷阱，正是犯了魅力法則的頭號大忌——過度揭露。也就是讓女人太了解你的一切，對你完全沒有想像空間。一旦她能預測你的行為模式，就算你有再高的性價值，一樣要大打折扣。

請記得一件事：**人體最大的性器官，其實是大腦。**不光是女人，男人也是。若有似無、充滿想像空間的朦朧美，永遠比赤裸裸的展露要有魅力。對女人來說，穿著白襯衫隱約露出胸膛的男人，等同於男人眼中披著薄紗透出曲線的女人，絕對比全身脫光的猛男或裸女要有吸引力。說穿了，這個法則不是什麼祕密，不過是人類的腦補機制在作祟，無止境放大對方的魅力。

但是，絕對不會有女人教你這麼幹。女權的大外宣，也包括所謂的「平等主義」。意思是，要男人把女人拉抬到同樣地位，大家像朋友一樣相處，分享生活大小事之餘，還不能有祕密。有些男人蠢到把手機密碼交出來，讓女友或老婆隨意觀看，還到處炫耀自己的愛妻形象，殊不知無形之中已經偷偷埋下日後被歸零的種子。

前面我說過，要把妹絕對別跟妹子從朋友做起。許多不懂紅藥丸的把妹達人，即使知道這個鐵則而成功把到妹，也會敗在長期關係的相處上。自廢武功開始跟妹子當朋友，過度揭露自己的一切，把魅力搞得點滴不剩。事實上，女人還會用高大上的朋友外衣來包裝平等主義，宣稱另一半要是自己最好的朋友。部分女人也信以為真，把這當成人生信條的神主牌，每日三炷香在拜。

我認為多數講這話的女生並沒有算計男人的動機，她們或許相信平淡是福，轟轟烈烈的愛情也終將回到家人相處般的樸實，但即使動機正確，也無法意識到自己被慕強擇偶的基因密碼掌控。過度尋求安全感，會殺死男人的魅力，男人如果無法意識到這件事，同樣是毀掉關係的幫兇，不能全怪女人。

想像力才是女人的超能力，有智慧的女人懂得在關係中與男人保持適當距離，而男人也該適當留白，讓女人這項得天獨厚的超能力有發揮的機會。

一切都是浪漫主義搞的鬼

多數男人處理關係的思維是線性的，像等級一樣，循序漸進讓妹子進入自己的世界。對於剛認識的妹子還可以唧歪兩下讓她愛得要死要活。但對於女朋友或老婆，即使是曾經縱橫情場的浪子，也不免落入過度自我揭露的誤區，跟女人分享自己的一切：

1. 報備行程

不論是把妹階段還是交往階段，女人對於心儀男人所能做的第一個掌控，絕對是掌握行蹤。有些傻妹會對男人語焉不詳的支吾其詞大發雷霆，你如果為了安撫她的情緒與安全感而開始事事報備，恭喜你，就此踏上被馴化的第一步，而且情況只會更糟。

留點空間給她想像，讓她誤會你有其他約會對象，需要再加把勁兒與其他女人競爭，你的身價才能維持不墜。

2. 討論重大決策

有些藍藥丸貝塔男會覺得，事事跟女友老婆商量，才會顯得自己很在乎她。關於這點，我只想問一個問題：你覺得雄才大略的王者會跟老婆（們）討論事業的經營方針嗎？不會嘛，這是男人自己的事，重大決策就該由身為強者的男人拿主意。男女的大腦結構不同，男人就是比女人要理性得多，決策品質也高上許多。

再者，如果不幸你的決策被女人鄙視，女人的慕強擇偶可不會放過你，她不會理智到能對事不對人，絕對會在你臉上貼上弱者的標籤。如果閣下真的對人生各種重大決策拿不定主意，可以找你信得過的男人，或你沒興趣的女人討論。

3. 拚命聯絡

前面說過，多數男人認為跟女人的關係就像溫度計一樣，久沒加溫會自然冷卻。這說法只對一半。「久沒加溫會冷卻」的現象，只存在於你在她心中還沒有定型成阿法男，這時不做點事來暗示自己的阿法身分，久而久之當然沒戲唱，太久沒澆花，就算是仙人掌也會枯死。

但是，只要阿法男的形象一定型，聯絡的頻率將不再重要。甚至你可以故意把她敲你的訊息擺個十天半個月才回，這段期間她會心癢難耐，對你的行蹤胡思亂想。好不容易終於獲得你的關注，她自然心花怒放，你在手機另一端都能感受到她溢於言表的欣喜。她會用最高品質的回覆，來應對你故意留白的心機。

這種留白的藝術，正是許多學把妹的阿宅無法參透的奧祕，他們被教育成總要做點什麼來吸引女人注意，殊不知愈做愈錯，搞得自己半點神祕感都沒有了。

建議行動｜Action

①跟妹子約會，雙方都沒話講的安靜時刻，試著忍住先別開話題，感受這種留白。一旦面對面的安靜時刻你能處之泰然，十天半個月不理她自然是小菜一碟。

②當妹子對你已讀不回（你絕對不缺這種機會），認真體會這種感覺，就知道祭出這招的威力有多大。當然，你得先在她心中留下阿法男的形象就是。被普妹已讀不回，我想你絕對不會當一回事。

兵法指引｜Guide

女人會想盡辦法摸透男人，甚至端出各種教條，要男人揭露自己的一切，以滿足她的安全感。要避免落入這項困境，必須做到《孫子兵法》的防守原則，不是用各種銅牆鐵壁的防衛話術去應對，而是讓女人摸不清狀況，用「深不可測」來回擊。「深不可測」不是要男人說謊，你只是沒說實話而已。

Rule 39

一次炮不是轉盤子

「夫戰勝攻取，而不修其功者兇，命曰費留」（〈火攻篇〉）

曾有學員朋友在課後問我：外面教把妹，或以脫單、睡妹為號召來販賣各種課程的導師，是不是等同於紅藥丸覺醒？關於這個問題，我猜不少朋友已經能從前面的法則慢慢拼湊出答案，既然「轉盤子」比較像是一般男人理解的「把妹」，我乾脆趁這機會好好跟大家聊聊這兩者的不同，並說明那些即使睡了上百個妹子的把妹導師，也不一定具備紅藥丸覺醒的真正原因。

常看我直播的朋友，應該已經猜到了，紅藥丸與多數把妹導師的差別，就在於「大局觀」。大局觀是種戰略思維，而把妹技巧只停留在戰術思維。前者教你做什麼，後者則教你怎麼做。然而，如果不具備大局觀而只求睡的妹子愈多愈好（男人很喜歡在聚會上吹噓自己睡了多少妹），很容易錯失賺更多錢或認識更多優質妹子的機會，甚至葬送自己的人生也不無可能。

但是，這在追求人數的把妹圈中就顯得不重要了。出來教課，當然要有點讓人服氣的實績，所以不少導師總會宣稱自己睡過多少妹、跟多少妹子約過會，以此為噱頭，來吸引廣大的藍藥丸男性入坑。特別是那些年輕氣盛又缺炮打的男人，更容易以斬人數作為評估實力的標準。

說個題外話，我倒覺得那些宣稱自己百人斬或千人斬的，大家聽聽就好，一來無法驗證（除非他每次辦事都拍影片），二來這干你屁事。與其羨慕把妹導師的赫赫戰功，不如靜下心來觀察他的生活型態是不是帶有紅藥丸覺醒的特質。如果他只是個很會睡妹的魯蛇，那答案也不證自明了。幾年前在公共場合帶著學員用「做愛開場白」[8]鬧上新聞，搞到換名字借屍還魂的把妹教學機構；為了衝影片效果，亂摸女生被法院認證性騷擾的把妹導師，都是值得大家思考的案例。

有趣的是，一般藍藥丸貝塔男無法意識這區別，耳聞某位把妹導師睡妹人數突破天際，膝蓋就守不住了，於是才有標題「一次炮」的概念出現。

要一次炮真的不難

所謂一次炮，顧名思義當然是妹子只跟你打一次炮而沒有下次。絕大部分的把妹課或脫單課，只要能幫你成功打炮也算是達標了。再怎麼說，大多數藍藥丸貝塔男能意識到的問題通常是

8 做愛開場白：PUA圈曾流行過的開場白，用「我想跟妳做愛」當作開場。

性飢渴，反正今朝有酒今朝醉，先止渴再說。至於喝下去的是酒還是毒藥，那就不干這些把妹導師的事，他們只管人直，不管人死。

正如小標題所說，要打一次炮真的不難：

1. 找想婚的妹子畫結婚大餅

用於三十到三十五歲想婚想瘋頭的妹子，只要閣下裝得一副忠厚老實又有點錢的貝塔男模樣，再舉著「以結婚為前提來交往」的大旗，通常能騙到這種女生，即使她對你沒有真實的慾望，也會被自我設限的婚姻藍圖給綁死，而跟你上床。

這其實是人人鄙視的感情騙炮，沒有能力轉盤子的男人才會用欺瞞手段與女人互動。我所見過會騙感情炮的男人，也因為人格瑕疵把事業弄得一團糟。整天想便宜行事，哪可能定下心來認真做事？

2. 用各種人設偷拐搶騙

宣稱「把妹不等於成功學」的主流做法。這派認為把妹歸把妹，人生歸人生，像紅藥丸把人生大局混進來考慮，是種不切實際的清談。所以，他們會根據妹子的需求設計投其所好的人物設定，或裝文青，或唬爛高大上的職業頭銜，或在社群網站上用各種裝屄暗示自己的身分。最大的問題，在於這些人設沒有一樣是真的，一切只為了睡妹。

3. 跪舔

是的，雖然我們很瞧不起跪舔，但不可否認的，跪舔還真他媽的可以幫男人睡到妹，只是就機率來看比其他方法小得多。別忘了，女人即使不愛你，但看在名車豪宅的種種福利上，還是可以跟男人維持「交易的愛」。

然而，女人或許因為一時的意亂情迷被你搞上床，但你需要有阿法男的人格特質，才能讓她對你持續保持真實的慾望。

女人為什麼不想跟你睡第二次？

照理說，好用的東西應該一用再用，但對女人來說，這句話不見得成立。女人之所以只跟你睡一次而沒有下次，撇開閣下性能力不強（早洩、不舉、軟竿）的因素，原因只有一個，那就是開始鄙視你。是的，雖然你用虛假的人格把她騙上床，可只要她認清你的真實模樣，發現你充其量不過是個草包，是個沒有事業與熱情的阿宅，原本濕答答如瀑布般的潮水，也會瞬間乾涸成沙漠，從此對你提不起勁。

用商場上的例子來解釋，一次炮很像用盡話術急於成交的業務，以糊弄的方式取得訂單，但客戶回去後想想不對勁，或發現產品不如預期，再回過頭來要求退貨。雖然炮都打了沒辦法說退就退，但就這層面來說，也是種買家後悔。要知道，這年頭女人的買家後悔可不只是鼻子摸摸就算了，若你運氣差一點，這個「想想不對勁」會變成「MeToo」，反過來告你性侵。

更可怕的是，就算你在床上把她搞得死去活來，有著勇冠天下的超強性能力，一旦女人鄙視你，這些統統都沒用，她一樣可以買家後悔。女人可以把床上的享樂與內心的景仰分開來看，不會因為你的大老二而念念不忘。對女人來說，最大的性器官其實是她們的大腦。

所以，**將一次炮升級成轉盤子的關鍵，是激情過後在床上的聊天互動。**男人在這時候通常會因為聖人模式而原型畢露，好不容易戴好的阿法面具，因為鬆懈而露出醜陋的貝塔模樣，女人的鄙視也在這些你想都沒想到的小細節油然而生，男人往往不知道自己是怎麼死的。

通常這種死法，跟被女人分手一樣沒得救，找下一個會比較快。

建議行動｜Action

①認真觀察你在追的作家、YouTuber、網紅，把他們講過的話、寫過的文、拍過的影片擺一旁，認真問自己：他們的生活型態到底是紅藥丸還是藍藥丸？

②檢視一下手邊正在約會的妹子，即使已經上過床，但對方卻對你興趣缺缺，各種邀約都愛理不理，那很抱歉，你無法將她視作盤子之一。

兵法指引｜Guide

以軍事角度來看，打下一座城池後，最重要的是重新建設，並派兵駐守保住戰果，而不是什麼都不管，或放任敵軍將其奪回。大部分學把妹而沒有紅藥丸覺醒的男人，只把攻城掠地（睡妹）當作績效指標，卻無法意識到，能讓妹子始終對自己保持高漲的慾望，才是高手的做法。能懂這個道理，長期關係自然水到渠成。

Rule 40

讓女人為你打破規則

——「故知戰之地，之戰之日，則可以千里而會戰」〈虛實篇〉

以前我在學NLP（Neuro Linguistic Programming：神經語言程式學）的時候，學到一個概念：人都有自己偏好的「規則」，只要能給予正確的感官刺激，通常也能順利引導對方做出你要的決策。比如說身為汽車業務，你觀察到客戶做決策的方式是先「看」到汽車的外型，再「摸」到汽車座椅的質感，最後「聽」到汽車的引擎聲，接著才會決定下單。這個「視覺→觸覺→聽覺」的順序，就是他決定買單的規則。說穿了，這是另一種層次的投其所好。

看似合理，又或許它是真的，可是在實際操作上會遇到以下問題：

1. 每一種決策的規則都不一樣

買單有買單的規則，談戀愛有談戀愛的規則。要懂這些規則，你必須一樣一樣花時間觀察。

2. 無法救急

既然要花時間觀察，沒有個半年以上的時間，是無法蒐集足夠樣本去判斷對方的規則。面對新認識的妹子或剛踏進店門的客戶，去研究對方的決策規則將變成一件緩不濟急的事。

我後來發現，上述規則的概念只適用於長期相處的家人、朋友、伴侶，能讓你用更有效率的方式去管理自己的人際關係。再者，也因為長時間的相處，你已累積足夠樣本去解讀對方的規則，慢慢優化雙方的相處模式，用途應該在此。

要解碼對方的規則，必須觀其行而非聽其言。但我知道很多男人聽到女人把談戀愛的規則講出來時，會有一種想投其所好的誤區，以為只要能符合她口中的規則，你也能成為她的入幕之賓，跟她更進一步。

她的規則就是開給你的框架

現在重讀武俠小說或日本動漫，才發現裡面藏有很多殘害男人雄性思維的毒素。像比武招親就是其中之最，好幾個男人為了一個女人爭得你死我活，本是一件匪夷所思的事，只有貝塔男才會這樣搶女人，阿法男都是坐擁後宮。而很多看似阿法的日本動漫也暗藏男人罣固酮的殺機。滿是肌肉男的《北斗神拳》（好啦這是我那個年代的漫畫），除了男主角，比較厲害的反派也幾乎為女主角傾心，搞得好像整部漫畫只有一個女人一樣。

這就是為什麼轉盤子如此重要。一旦你手邊有多個盤子，自然沒空放太多心神在其中一位身上，也沒空去理她開出來的規則。更重要的是，你能理解其實規則也是女人廢物測試的一種，自然不會跳進她的框架。比武招親？傻子才老實在那邊排隊報名比賽，老子直接走後門，用黑箱作業結束比賽。

女人常開出來的規則如下：

- 「我不跟朋友做那種事。」↓意思是只跟剛認識、神祕感十足的阿法男打炮。
- 「我覺得交往一定要先從朋友做起。」↓這樣才有機會發你朋友卡。
- 「我不跟有女友的男人發生關係。」↓道德感作祟。
- 「我只幫男友或愛人＿＿＿＿。」↓空格隨你填，可以是送便當，也可以是……你懂的。

從女人口中講出的規則，可說是廢物測試的一種，也可說是她憑藉過去經驗的美好誤會，不論有沒有騙你，都是把框架丟出來，看你會不會屈服。她也許對你有興趣，只是要看看你是不是符合她心中男人的資格。只有貝塔男才會老實被女人審核，真正紅藥丸覺醒的阿法男，都是很唧歪地在審核女人。

真相是，一旦女人被阿法男吸引，是很樂意為了他打破規則的。什麼不跟有女友的男人約會，只要閣下成功用阿法狀態吸引到她，很多女生就會跳坑。前面也說過，多數女人心中並不存在契約精神，情緒被挑起來後，往往忘掉自己講過的話。

正確看待女人的種種規則

大多數男人會用錯誤的方式理解女人的規則，將其視作挑戰的一種。聽到女人說要先當男友才能進一步，鬥爭心被激起，心想：「好啊那老子就想盡辦法當妳男友！」此時女人再提出當她男友的各項條件，男人只會愈陷愈深，無法自拔。什麼忠誠可靠、誠實以對、敢為她花錢，貝塔男常犯被當工具人、過度自我揭露等大忌還真的一個都不少，就算真的脫單交往，也是交易來的關係，她對你根本不存在真實的慾望。

要正確理解女人提出的種種規則，首先要知道，**只要女人願意跟你好聲好氣說話，那就是對你有興趣**（除非她叫你滾），差別只在程度多寡。而要正確理解並處理她提出的規則，要注意以下三件事：

1. 比她更強的規則

這招是硬碰硬，也就是看誰框架比較強。她提規則之後你不鳥她，反丟自己的規則回去，再擺出一臉「不要拉倒」，笑而不答。用柯文哲的話解釋，叫作：「我講話就是這樣，高不高興隨便你！」我承認，或許會一翻兩瞪眼，但有時會有奇效，而且完全不浪費時間。你馬上就能判斷這妹子是不是有譜，該不該繼續投注資源。

2. 不鳥她

就是左耳進右耳出。她愛提規則就讓她提，無視就好。只要抓緊自己擁有的性價值（前提是你有），同時知道女人永遠會為了阿法男打破規則，自然不會把她提的規則當一回事。你要做的是讓她為你打破規則，或是反過來按照你的規則，絕不是照著她的規則去走。

3. 當作績效指標的一種

要正確判斷自己是不是成功在轉盤子，女人提出的規則可以當作其中的績效指標之一。只要她願意為你打破自己曾經講過的一堆鳥規則，那你幾乎可以斷定成功使用阿法狀態吸引到她，也能將她納為盤子之一。

所以嘍，看到女人提規則，千萬別慌，這代表你有目標可以努力。轉盤子跟創業一樣，不怕投注資源，怕的是成本花下去卻不知成功還失敗。不妨將「女人願不願意為你打破規則」當作指標，藉此調整轉盤子的策略。

建議行動｜Action

①「紳士風度」是全世界女人定出的普遍規則，可以到我的頻道收看「謊言般的『紳士風度』」直播影片。

②還沒事業基礎的男人請先努力衝事業。有事業基礎的，試著在人際關係中定出自己的規則，讓別人來迎合你，而不是只會迎合他人。

兵法指引｜Guide

能讓女人為你打破規則，或能讓她反過來按照你的規則，主動權將從此轉移到你手上，對突發狀況也比較能瞭然於胸，預先防範，不至於被殺個措手不及。更重要的一點，你可以專注在自己的生活上，不需要為了迎合她的規則做出各種犧牲。比如你在臺北、她在高雄，唧歪一點的話，可以把她叫來臺北跟你「千里會戰」，再讓她自己回去。雖然我覺得人要互相，並不鼓勵這麼極端，但實際上，這麼做的男人還真不少。女人要是被阿法狀態吸引，真的會為了你做任何事。

Chapter 5

In a relationship

第 5 章

該不該進入長期關係？

Rule 41

分手不要緊，被歸零才慘

「必以全爭於天下，故兵不頓，而利可全」〈謀攻篇〉

要討論長期關係，我絕對不會像老愛講求政治正確的作家或心理學家，用各種愛與包容的溝通來粉飾男女的不平等對待。極端女權主義者總透過媒體大外宣強調：這世界的父權霸凌已經夠嚴重了，所以男人必須交出自己的權力，而女人也該揭竿而起，主動追求屬於自己的理想生活。

然而，婚姻關係走到最後承受巨幅損失的通常是男人，只是被「父權霸凌」的帽子扣在頭上，搞得一堆男人吃了大虧卻只能悶在心裡。女生追求理想、自信的生活當然可以，這是生為人該有的自由權利。但如果這份自由卻建構在男人的損失之上，說穿了同樣是種剝削。

這裡講的**「歸零」(zeroed out)**，正是紅藥丸對這種現況的描述，用被動語態也顯現男人的困境。歸零指的是男人在長期關係中，讓原本累積的所有資源化為烏有，從等級九十九被打回等級一的慘況。就算在虛擬電玩世界，遊戲設計師也不會如此惡搞玩家，頂多裝備掉滿地被撿光，或損失經驗值略施懲戒，但真實的兩性世界，卻不斷上演等級歸零成新手狀態的殘酷戲碼。

女人不在意你投注多少資源

藍藥丸世界的貝塔男永遠有種天真想法，以為只要投注資源去維繫婚姻、家庭、長期關係，女人會感念自己所做的一切，進而擁有維繫關係的共識，攜手打造幸福美滿的生活。也因此，一旦事情不如男人意料發展，女人變心想分手，懷抱浪漫主義的貝塔男絕對會捶胸頓足，在心裡大聲呼喊：「我都做成這樣了，她怎麼能這樣對我？」

這種情況實在太常見了，這類男人也通常是我課程裡的常客。礙於社會氛圍與面子，男人找不到地方跟同病相憐的人訴苦。不過，目前臺灣的紅藥丸覺醒意識已經漸漸抬頭，閣下願意的話，還是找得到人一起取暖。接著你會發現，男人的不幸都是一樣的。

於是問題又回到那句：「她怎麼能這樣對我？」我說過，要理解女人，首先要抓住慕強擇偶的概念。只要緊扣核心，任何看似脫離正軌的鳥事往往能獲得合理解釋。沒有正確了解女人的本質，如同看到獅子老虎吃肉，你還傻傻驚呼牠們怎麼這麼殘忍。說穿了，女人不在乎你在這段關係花了多少錢，不在乎你為了她放棄事業與理想，也不在乎你花了多少時間陪伴她，更不在乎你們創造多少回憶、去過多少地方。女人只在乎一件事——你是不是個能領導她的強者阿法男。

當然，我知道一定有女人急著跳出來打我的臉（反正我寫第一本書《壞男人的孫子兵法》時就有心理準備），說不定一堆白騎士也正摩拳擦掌等著加入，準備到評價區留個一星負評，理直氣壯地反駁：「你錯了！明明我之前帶她上山下海後，她變得更加愛我，你這根本是仇女！」

仇女的指控我遇過太多次，大家心裡應該自有公評。但我還是要秉持人類學家與動物學家追求真理的精神，把真相告訴大家：

①只要你在她心中是個強者阿法男，就算整天跟她待在家打電動，她照樣買單。

②女人可以因為「交易」與男人維繫關係。藍藥丸貝塔男最好搞清楚這件事：她愛的不是你，而是你帶給她的種種福利，性是給你的獎勵。

③你的眼睛和腦袋被各種偽裝誤導判斷。

被歸零的損失

托爾斯泰的經典名作《安娜・卡列尼娜》有句名言：「幸福的家庭有同樣的幸福，而不幸的家庭則各有各的不幸。」但這句話對男人而言並不適用，全天下男人最大的不幸不是分手，而是很一致地被女人歸零，被歸零的損失是難以估計的：

1. 事業與金錢

如果閣下信奉「愛她就要付出一切」，很可能像傳統男人一樣，結婚或進入長期關係的同時，連帶扛起女人的人生，把名下的財產、房子、事業、薪水，毫無保留地交到她手上。遇到好女人當然沒問題，但人心不古，自古昏君也總以為身邊寵信的大臣都是忠臣賢相。一旦女人跑了，男人的下場就是空空如也。

2. 孩子

如果有了孩子，問題會變得更加複雜。事業和金錢的損失還算小事，東山再起就是了，但孩子的監護權被婚姻告吹的前妻拿走，對不少男人來說都是難以承受的損失。如果生的是兒子，家中長輩又重男輕女，眼巴巴望著你延續香火，整個家庭對此事都無法容忍。你只會徒耗心神繼續跟這女人攪和，也許是官司，也許是談判，反正絕對不輕鬆就是了。

3. 信念

我認為對男人來說，最可怕的是信念崩潰。一直以來我們都被教導努力就有收穫、好人有好報、守信用講契約會有獎賞，這些維繫社會運作的基本信條，在女人的慕強擇偶下卻顯得一文不值。我說過很多次，一旦被女人鄙視，男人曾經付出的一切就什麼都不是，她可以頭也不回地轉身離開，拿走你所有財產，社會氛圍還會與她站在同一邊，對男人大聲撻伐。

我就問你一句：你要怎麼調適潰敗的心情？你賴以維生、在社會走跳數十年的信念價值觀，現在完全崩塌了。原來好人不會有好報，努力付出卻落得如此下場。有多少男人承受不住心理衝擊，做出許多自殘甚至傷害社會的事。這並不難理解。既然深信數十年的美好世界到頭來是夢一場，那就毀了它吧。因為被歸零而舉槍毀滅自己人生的男人，在西方世界並不罕見。

男人必須擁有強大的心理素質，才能挺過歸零風暴，捲土重來。我看到很多年輕男孩整天發文討拍：女友提分手要怎麼挽回？我會暗笑他們小鼻子小眼睛，明明事業資本還在（其實是還沒開始累積），一點感情小挫折就沮喪成這樣。這世界早就有許多被女人吃乾抹淨的老大哥，在被歸零的衝擊下死命掙扎，活得下來就海闊天空，活不下來的，因為憤怒而對女人（與背後的小王）做出犯法的事，進監獄的也大有人在。

不想被歸零，或不幸被歸零後還想要有飯吃，就留點資本在自己手上吧。

建議行動｜Action

①到我的頻道收看「藝人董至成的歸零事件」直播影片。

②留意身旁已婚男人的狀況，如果他傻傻把錢交出去，請善盡朋友義務拉他一把。如果是仇人，那就笑著等他掛掉。

兵法指引｜Guide

多數男人往往為了幻想中的美好關係，打算用一切資源去換得關係裡的「勝」，卻沒有發現自己的資本日漸萎縮。只要不幸被歸零，絕對是兩手空空，裸退出場。然而，《孫子兵法》的核心從來不是「求勝」，而是「求全」。求全的目的，說穿了也是「勝敵而益強」，讓自己的生活過得爽才是該努力的目標。狡兔有三窟，請把感情生活當作其中一窟經營就好，而不是把寶全押上去。

Rule 42

不要把溝通當作解決問題的萬靈丹

——「九地之變，屈伸之利，人情之理，不可不察也」（〈九地篇〉）

如果上網搜尋長期關係的祕訣，大概可以看到很多關於「溝通」的資料。宣稱幫人脫單的心理師、被女權大外宣洗腦滲透的兩性專家，再加上西方國家獨有的婚姻諮商、專打離婚官司的律師，趁著政治正確的熱潮，在資本市場形成特殊的「溝通產業鏈」。但卻忘了溝通這件事的大前提：跟不想溝通的人溝通，是在浪費時間。

賺飽飽的溝通產業鏈

溝通產業鏈是這樣運作的：

①宣稱幫人脫單的課程用各種藍藥丸的方式，透過跪舔、配對、紳士進化等噱頭，幫男

人脱單。

②脱單之後，整天看兩性專家的文章，試圖用溝通和理解等方式搞定女友或老婆，下場往往是丟失原先的阿法男框架，被馴化成貝塔男。

③女人的慕強擇偶發作，開始鄙視男人。貝塔男以為是自己溝通能力不夠，於是找各種溝通課程精進技能，試圖用溝通喚起女人的真實慾望。

④「沒有什麼事是溝通解決不了的，如果溝通一次沒用，那就溝通兩次。」當貝塔男發現溝通無效，兩人無法回到以前熱戀時的真實慾望，便開始加碼讓第三方介入，也就是婚姻諮商。天真以為透過「專業」協助，能夠解決之前獨力溝通無法解決的問題。我把這種解決方案稱為「婚姻關係的葉克膜」，讓關係苟延殘喘，得以續命，撐在那兒抖啊抖的，暫時死不了。

⑤ **葉克膜急救無效後（九五％無效啦我保證），自然要討論進安寧病房等死，也就是和平分開。這時輪到律師登場，費盡一番工夫與女人談判出各種喪權辱國的離婚條款，孩子和家產被剝削一空，男人兩袖清風，揮揮衣袖不帶走一片雲彩被歸零出場。**

上述情況在國外屢見不鮮，過程中每個角色都賺飽了銀子。所幸，臺灣目前的司法現況比較不像西方國家以政治正確之名極度偏袒女性，對男人行吃乾抹淨之實。我與幾位律師朋友聊過，臺灣的司法系統比較秉公處理，雖然輿論依舊把男人往死裡打，但至少守住司法底線。

熟悉商場或官場運作的朋友，一定對上述套路感到熟悉。厚黑學有所謂的「補鍋法」，意思是跟你借鍋，趁你不注意時把鍋子敲出裂痕，再跟你說鍋破了需要補。當然嘍，要付錢就是。這鍋子絕不是白敲，自然不會平白無故幫你補好。不僅補鍋要錢，把鍋子敲破的工本費也偷加在報價單裡，準備大削一筆。

這裡我想說明一下我的立場：身為自由市場的擁護者，我並不認為搞出產業鏈是十惡不赦的事。有需求自然有供給，除了幫終端消費者解決問題，產業鏈裡的各種角色也能貢獻己力，獲得該有的報酬。以經濟發展的角度，的確是社會繁榮的要素。這其中的關鍵，在於收錢的一方要謹守契約精神。你他媽錢收了就要幫客戶解決問題啊，我開課收錢也是秉持這項精神，雖然學費是愈來愈貴，但絕對把正確資訊帶給男人。

所以，**整條溝通產業鏈最大的問題是，錢收了卻沒辦法解決問題。**講白了，就是種剝削。男人像是流水線上待宰的肥羊，在一個階段被榨乾後馬上被丟到下個階段，層層剝皮，最後被歸零出場。

以常識來判斷，一個理智的消費者絕對不會做這種交易。但溝通實在太他媽政治正確了，如同各種奢侈精品，提在手上能顯得自己高大上，事實上溝通除了裝飾，在兩性關係中一點力都使不上。

為什麼溝通無法解決兩性動態問題？

事實上，所有政治正確的解法都不能解決問題，只是一群左膠為了心目中的烏托邦搞出來的教條，不過是拿來自爽、嘴別人兩句的工具而已。

對追求兩性平等的左膠來說，最無法面對的殘酷事實，莫過於男女本質的不同。這本書你都讀到這了，應該對女人的本質有所理解：慕強擇偶才是女人的核心，而溝通無法解決慕強擇偶的問題。女人一旦鄙視你，失去對你的景仰，原先維繫關係的熱情會瞬間消失，你用再多的溝通也無法解決問題。就算變本加厲，除了溝通再加碼每年出國、買車買房的各種福利，對女人來說都是「交易的愛」，不是真實慾望。

有些藍藥丸貝塔男可能會急著想替家裡的女神說話，說我是在仇女，他家女神人品超好，每次都能用溝通解決問題。對此，我的看法如下：

- 這是特例，不是常態。或許你家女神人品真的很好，能夠無視潛藏體內的慕強擇偶，跟你這隻貝塔男像朋友一樣相處。但縱觀目前男人被歸零的大數據慘況，試圖用溝通解決問題只會落得悲慘下場，期待例外發生根本不切實際。
- 就算你家女神人品超好，也願意坐下來溝通，甚至配合各種婚姻諮商和心理輔導，她依舊無法搞定慕強擇偶的呼喚，慾望出不來就是出不來，打死她都沒辦法。我換個比喻你會比較好理解：肚子餓就該找東西吃，用真正的食物滋養身體，不會有人指望用理智去對抗本能，跟肚子溝通。

對，溝通的本質就是理性，這的確是人類的高貴特質，能優化決策品質。但指望女人理性卻是不切實際的事，有歷練的男人都知道別跟女人講道理，但在政治正確前，這項真理卻被埋藏到沙堆底下，想拿出來講，得冒著被人炮轟的風險，躲躲藏藏。現在的把妹市場還莫名其妙推出男女同堂的形式，宣稱能讓兩性相處回歸理性，男人不再偷吃，女人也不會找小王。

溝通如果有用，早就世界和平，根本不會有戰爭了。

建議行動｜Action

① 女人需要被男人領導，而不是溝通。洗衣家事這類小事可以溝通，但關係的主軸必須由男人一肩扛起，領導女人。

② 溝通要兩人願意坐下來談才有意義，對失去景仰之心的女人效果不大，但也不見得一無是處，用說話藝術的角度去理解會比較好一點。真正需要上溝通課的，是連正常社交都有問題的白目。也就是說，溝通是幫助人社會化的工具之一，你上溝通課之前，最好能有此認識。

兵法指引｜Guide

過度強調溝通的威力，而忽略人性驅利避害的天性，正如同敵軍犯境，卻高舉道德大旗要求不該侵犯他國一樣，是愚蠢至極的事。要在兩性關係中維持自己的人生主導權，絕不能仰賴溝通這種把變數交到他人手上的事。挺身而出領導女人，才能將變數控制到最少。也就是說，閣下只要把自己管好就好。

Rule 43

提防男性媒體的墮落

「內間者，因其官人而用之」（〈用間篇〉）

整體來說，你要把男女間的動態平衡結合媒體和文化趨勢，當作戰爭狀態來看待。但這跟仇女是兩回事，我認為不能怪女人，錯也不在女人，她們只是順著追求安全感的天性，再加上骨子裡慕強擇偶的衝擊，內外不一致的狀況下，才把男女互動的氛圍搞得烏煙瘴氣，連她們自己都怨聲載道。

簡單說，女人拚命把吸引她們的阿法男馴化成貝塔男，但對老實溫順的貝塔男又提不起興趣。在這情況下，搞得男人當阿法也不是，當貝塔還要冒著被歸零的風險。真的只能靠「病識感」，透過紅藥丸知識先一步理解女人天性來自救。我在前面也講過，媒體在這場男女角力中扮演至關重要的角色，既然上升到戰爭規模，媒體也該肩負起資訊戰的重任。畢竟我寫書苦口婆心勸世，只能對已經買書的各位伸出援手，其他芸芸眾生還是要靠媒體的大規模出擊，效率才高。

乍看之下，女人有女性媒體幫忙，那男人是不是只要多看男性媒體，也可以避免落入女本位主義的種種陷阱，甚至成為阿法男？很遺憾，這個法則就是要告訴大家，目前的男性媒體恐怕也是女本位主義的幫兇，太過相信他們給予的資訊，你終究會成為替資本主義社會貢獻鈔票的韭菜貝塔男。

媒體為什麼不願挺男人？

照理來說，男人在世界上也占有一半以上的數量，在行銷角度上，理當出現以男性為主打客群的媒體，但為什麼我卻告訴大家男性媒體也淪為幫兇，一起殘害男人呢？小弟有幸，在多家媒體擔任專欄作家，剛好有與各家媒體編輯交流的心得，在此可以替大家解答真相：

1. 媒體只在意流量

除非有特定宣傳目的，可以拿企業或政府的補助，才不用管流量，安心執行推廣理念的目的，否則絕大多數媒體仍有各種商業考量，還是要拚流量，才能藉此與客戶談廣告或業配，這是他們的生存之道，實在不能苛責。換句話說，即使是男性媒體，男人的死活與否也不是他們該考量的事，他們只在意男人會不會點擊文章影片，會不會看著美女流口水再刷卡買他們家的商品，然後巧妙地與女本位主義掛勾，大賺男人的錢。

如果閣下希望看到一個純為男人發聲的媒體，從現在起就大力支持我的課程、書本，把小弟我拱到神壇，等到我有閒錢了，自然可以不為名利，替大家弄個媒體來玩玩（無誤）。

2. 媒體終究要講求政治正確

之前在幾家媒體發文章，就曾被他們的高層告知，現今的網路環境不適合太大男人主義的言論，希望我能稍修飾再發文。其實這完全可以理解，這年頭許多偏激的女性主義者就像韓粉一樣，看到不如己意的言論，動輒出征是常有的事。我記得我上一本書《壞男人的孫子兵法》的書摘，就這麼不小心發到某家左派媒體上，可以想像，底下當然是罵聲一片。

要知道，男性媒體的讀者不是只有男人，還包括女人，他們勢必要顧及女性讀者的感受，適時做點言論審查。而且別忘了，就算是男性讀者，裡頭還是有許多白騎士存在，他們無法容忍看似偏激的真相，會跟著左膠們出征，一起粉飾成文青最愛的多元文化理想世界。

3. 編輯常常是女的

有研究顯示，女人的語言天分比男人要高，文字造詣也是如此，所以女人往往比男人更適合擔任編輯的角色，我合作的諸多媒體窗口也以女性編輯居多。然而，女人對於這些偏激的知識，勢必會加入自身性別的立場，用有色眼光看待。別說要她們保持愉快心情，就算只是希望她們保持平常心，用知識角度看待紅藥丸相關知識，也不是件容易的事。

於是真正對男人有用的知識往往胎死腹中，會貼到網路上的都是些星座廢文。對，男性媒體推廣星座把妹文，我認為是一件非常墮落的事。

4. 正妹圖威力強大

這是我最近觀察到的趨勢，大概是因為正妹圖效果輝煌，各家媒體只要轉貼各國正妹相關資訊，再放個露奶照，所有男人都像發瘋似的，用滿滿的讚和分享宣告自己的熱情。這是典型的藍藥丸現象——追著女人跑。

事實上，這也是媒體追求流量的延伸。經驗法則告訴我們，與正妹有關的事物，往往能吸引到大批性匱乏的男人，獲得鉅額流量。這些貝塔男想知道與正妹有關的一切，舉凡美女喝什麼酒、讀什麼書、喜歡什麼樣的男人，即使這些金字塔頂端的正妹壓根兒就不可能看上這群韭菜，男人還是趨之若鶩，貢獻注意力與流量。當然，還有鈔票。

最近這些媒體也進化了。除了用傳統直白的正妹圖吸引男人的注意，現在還起用正妹作家讓男人的眼睛緊盯不放。還是要強調，如果正妹作家言之有物，就探求真理的角度追蹤，當然沒有問題。你該摸著良心問自己：到底是正妹提供的知識有用？還是根本只是衝著她的身材和顏值而來？

既然連理當與男人站在同一陣線的男性媒體都跟著墮落，男人的紅藥丸覺醒之路其實是很孤單的。我們就像末世核災或喪屍之亂的生存者，在滿目瘡痍的戰火下，以為全世界只剩下自己孤身一人，苦哈哈地尋求生路。但其實你該做的，是透過各種通訊設備，找出跟你一樣孤立無援的生存者，大家一起力抗末世，努力活著……好啦沒那麼嚴重啦哈哈哈，我只是想強調夥伴的重要。

如同前面講的，在覺醒之路上，第一是先求正確知識，第二是找到夥伴彼此淨化心靈，雖然所有的媒體都等著洗我們的腦，我們還是可以靠自己，在紅藥丸之路長久堅持下去。

建議行動｜Action

①減少關注網路媒體的時間（我的文章例外），跟兩性有關的資訊大多不值一讀。

②把男性媒體當作買車、買錶、買3C產品的購物參考指南就好。

兵法指引｜Guide

男性媒體的倒戈現象，頗類似《孫子兵法》所定義的「內間」。雖然他們並非被女人所收買，但為了賺取相關利益，也不知不覺被滲透。要知道，很多被滲透的人其實並不知道自己被滲透，認為一切只是追尋利益的合理行為。正所謂「誰給我錢，我就喊他一聲爹」，只是很不幸，這一聲爹卻喊錯人，把大多數男人的利益都拿去陪葬了。

Rule 44

長期關係是副產品

「勝兵先勝而後求戰，敗兵先戰而後求勝」〈軍形篇〉

打從我開始寫兩性文章、開班教課，乃至接觸紅藥丸，並將它融入自己的理論體系中，這段期間，來問我問題的男性朋友範圍之大，可說包山包海，各種人都有。有來問我怎麼約炮、怎麼跟老婆相處、女友生氣了該怎麼哄，有些還會拿十幾頁的對話截圖，問我接下來該怎麼辦。與他們細聊後，我發現多數男人會把長期關係視作一種可追求的目標。如果被女權大外宣洗腦過頭，甚至會認為長期關係是值得男人放棄一切去追尋的目標。

一般男人認知的長期關係

世俗所定義的長期關係，要麼像臉書感情狀態的「穩定交往中」，要麼結婚生子，以一夫一妻為前提，與另一位女人建立長久的穩定關係。而在男人的普遍認知裡，這種長期關係像事業一樣，可以先行鎖定目標，再努力去獲取。長輩常講的「五子登科」，或多或少也有這種意思。

很多把不到妹的阿宅，因為受限於眼界，如同情場裡的井底之蛙，認為男女互動只存在長期關係的形式：找個想結婚的女人，努力打拚，將自己輝煌璀璨的人生奉獻給老婆，求得安穩度一生的歲月靜好。然而最有歸零危機的，往往是這種「好男人」。

即使是玩遍天下的浪子，也有這種「長期關係缺乏症候群」，認為玩歸玩，但結了婚就該定下來，清楚劃分短期玩樂與長期交往。這些小開浪子的玩樂時期，你會聽到各種極盡荒唐之能事，跑趴、嗑藥、雜交，無樂不歡。但他們若想找個老婆定下來，大多會遵從一夫一妻的規則，認真找個善於持家、幫忙立業的好老婆，追求安穩的長期關係。至少表面上看起來會是這樣。

我要強調，將短期玩樂與長期交往分開來處理其實非常正確，但僅限於維持階段。在關係的維穩上，炮友與女友本是不同做法，得用兩條不同的產線來處理，其實很有科學精神。前面法則提過的黑暗三性格，也是有利短期關係的開發，而不利長期關係的維持。

真正的問題，出在開發關係的目標設定。貝塔阿宅不用說了，腦中只有長期關係的神聖形式，所做的一切也都往長期關係去走。而那些看似將短期玩樂與長期交往分得很清楚的情場浪子，在目標設定的本質其實與貝塔男並無二致，即使有過一段荒唐歲月，一旦意識到該成家立業，也會拿出貝塔男的精神，用好老公模樣去接近心目中認定的好老婆人選。

對多數男人來說，長期關係是一種獨立目標，重要性等同於事業，在人際關係上也是重要的里程碑。我也同意擁有一對一的長期關係對人生有所助益，但千萬別把長期關係當成某種目標苦苦追求，而是要將其視作轉盤子的副產品，是周旋於眾多女人當中「不小心」賺到的額外收穫。

正確獲得長期關係的兩條途徑

其實這不光是紅藥丸在討論的事，在我看來，也是現今兩性議題輿論上常出現的瑕疵。很多人都將關係「標籤化」，認為自己在這段關係貼上長期的標籤，那麼另一半也該按照這張標籤，往該有的路去走，而忽略關係的本質其實在於互動模式。說穿了，是種顧此失彼的形式主義。

要破除這類標籤迷思，並且避免不小心貼錯標籤的種種麻煩（比如明明講好是長期關係，她卻拚命跟小王胡搞），你要做的還是轉盤子，在能力範圍內轉大量的盤子（不要為了轉盤子而罔顧事業）。記得，轉盤子才是開拓關係的不二法門。

之後，按照以下原則去尋找你的長期關係：

1. 你特別喜歡互動的妹子

手上所轉的多面盤子中，遲早會出現你特別愛不釋手的盤子，讓你想多花時間跟她互動。在她願意跟你起舞的前提下，你們已經建立起正確的長期關係模式：**沒有標籤的紛擾，也沒有各種名分的糾結**（雖然她很可能會問你，我們是什麼關係）。

你一樣還有其他盤子可轉，只是特別喜歡這面盤子而已。

2. 三觀正確的妹子

雖然我認為買這本書的男人，讀到這裡腦子也被我洗得差不多了，但如果你依舊有著傳統道德觀念的束縛，這裡的做法倒是可以參考。你一樣轉盤子，互動過程中也許會發現，這妹子心地善良、孝順父母、待人客氣、不會亂占便宜，總之想得到的三從四德她都有。說真的，傳統社會推崇的好女人溫柔婉約形象，到現代一樣能替家庭單位與人類社會做出巨大貢獻，只是被女權大外宣洗腦，逼得女人不跳出來踩男人兩腳好像就跟不上時代一樣。也因此，三觀正確的好女人愈來愈少，真的給你遇到，算你幸運。

如果你不排斥長期關係，此時此刻就是考慮扶正的時候。盤子一樣照轉，但給予這個三觀正確的好妹子多一點福利，帶她見你的家人朋友，讓她進入你的世界，在能力範圍內，讓她知道她跟其他鶯鶯燕燕有著截然不同的地位。標準正宮是也。

然而，依照人性定律，上面兩種尋求長期關係的做法，絕對會衍生出真命天女症的問題。過多的重視與拉抬地位的行為，會反過來說服我們的大腦，誤認她是值得付出一切的真命天女。所謂過猶不及，明明只是把妹子扶成正宮，就是會弄出真命天女的麻煩。即使前面透過轉盤子尋求長期關係的做法正確，一旦真命天女症上身，隨之而來的將是歸零危機，實在是不可不慎。

外貌出眾、人品優秀、三觀正確的好妹子，當然是一對一長期關係的好人選。這時候你還是可以轉盤子，但不一定要拿其他女人遞補盤子的空缺，可以將重心轉到事業、理想、興趣上，去強化你身為男人該有的價值。

建議行動｜Action

① 學習識人。特別是那些遇到正妹，智商會瞬間打對折再對折的蠢蛋阿宅，要學習如何不被女人的外表迷惑，去辨識她的內心本質。學會這點，才具備從眾多

盤子中辨識璞玉的資格，將她升級成正宮。

②遠離空有外表的公主病患者。除非你跟公子哥小開一樣有錢，有本事砸大錢直接達陣再瞬間脫身，否則別浪費生命和她攪和。

兵法指引｜Guide

鎖定長期關係為目標去汲汲營營，正是「先戰而後求勝」的蠢事。你會因為錯誤的目標設定，讓妹子有糊弄你的機會。這麼說吧，如果你今天是個家財萬貫的小開，擺明要找個能長期交往的老婆人選，跟你約會的妹子也知道這件事。心機重一點的，自然會挑你的痛處打，表現得溫良恭儉讓無一不缺，宛如仙女再世的好老婆人選。誰知道娶進家門後，她開始露出真面目，爬上高位掌權，掏空你的家業。

反之，若先從相處上去理解妹子真實的內心本質，在互動上也能取得先機獲得主導權，之後再根據可信度較高的情報將其扶正，才是「先勝而後求戰」的兵法之道。

Rule 45

失去框架是關係崩壞的開始

「先知者，不可取於鬼神，不可象於事，不可驗於度，必取於人，知敵之情者也」（〈用間篇〉）

在藍藥丸的世界裡，很常把談戀愛與婚姻分開來看。又或者你也可以說，在一般人認知裡，女友、穩定交往的女友、婚姻這三者分別是不一樣的事。而在多數人眼中，所謂的長期關係大多指的是後兩者。意思是，交往有交往期間該有的轟轟烈烈與新鮮感，可只要進到長期關係，男女雙方就要換個腦袋，改為理性、體貼等各種政治正確到讓人想按讚的東西，透過永遠難以達成的共識來經營關係。除此之外，也讓前面提過的溝通產業鏈介入，順便刺激一下經濟。

明明很簡單的一件事，在人類不可思議的腦袋運作下，卻變得無比複雜。正如同把理論搞得愈複雜、把名詞弄得愈稀奇古怪，在學術界才有資格拿博士學位一樣。心理學家、除了我以外的兩性作家，也會把談戀愛與長期關係拆開來看，用完全不同的視角解析老夫老妻模式。但只要瞄一下身邊多數男性同胞被歸零的狀況，自然知道這麼搞下去的下場會如何。

我說過，紅藥丸是大道至簡的人生哲學。只要閣下願意把目光放在自己，盡力提升自我價值，那些被歸零的烏蛋事就不太可能發生在你身上。一切問題的根源，還是出在框架。

女人永遠會挑戰男人的框架

其實這是女人的天性，不能怪她們。多數男人往往只意識到女人會在吸引階段挑戰男人框架，還起個名號叫廢物測試，更煞有其事地想出一堆方法來破解；可進入長期關係的交往或婚姻狀態，這件事就像消失一樣，沒人敢捋政治正確的虎鬚。女人挑戰框架？那就讓她嘛，禮讓自己的女人，才是好老公好男友該做的事。男人在臉書放上被女友欺負的照片，在這年頭還能騙到大量的讚呢。

事實上，女人在交往後挑戰男人的框架，其實是把男人馴化成馬子狗的開始，但多數男人不認為這是什麼大不了的事，直到滾落的小雪球漸漸累積成雪崩，才開始意識到問題變得棘手，通常也來不及了。

阿法男典型的框架毀壞，又或者你也可以說馬子狗的誕生，其實是有一定規律：

1. 把妹的阿法階段

或許是把妹課教得好，又或許是天生阿法，男人一開始用阿法形象接近女人，徹底觸動她內心深處的基因密碼，對男人有著無比的真實慾望。老實說，阿法男把妹是沒啥問題的。記住這句話：**阿法框架在，關係就能保持好。**

2. 剛交往的小妥協階段

開始交往後，女人心中對我行我素的阿法男始終缺乏安全感，於是極盡所能馴化。通常會從小地方做起。具體方法是拿出藍藥丸世界兩性相處那套，要你開始報備行蹤以便較好掌控，又或者拿各種兩性文章來規範男友該有的樣子。一旦你覺得哎呀既然是自己女友，那就讓她吧，恭喜你，開始踏上框架崩壞之路，你會因為女人而犧牲自己的生活型態。

3. 交往後的大妥協階段

小地方妥協後，女人會變本加厲，開始要求你犧牲更多事。要麼在你開會的時候吵著要你陪她，或者要你放棄升遷機會與她長廂廝守。沒有紅藥丸覺醒的阿法男，很容易被電影裡常見的

「愛妻思維」沖昏頭，再一次放棄框架。至此，你已經不再是為自己而活的阿法男，變成為女人而活的徹頭徹尾貝塔男。

4. 完全馴化的貝塔階段

變成貝塔男的你，對女人而言不再存有吸引力。雖然這一切是女人開始的，但捨棄框架的你也難辭其咎，一個願打一個願挨。我說過很多次，沒有一個女人意識到教出馬子狗會毀掉這段關係，她們盲目追求安全感，把原先景仰的阿法變成貝塔，接著再去外面找另一隻阿法來滿足自身的慕強擇偶。之後，輕則綠光罩頂，重則事業家庭兩頭空，被歸零出場。

雖然紅藥丸的源頭是歸納大量案例的回溯性研究（Retrospective Study），但也是一門可以適用於前瞻性研究（Prospective Study）的學問。意思是，只要鎖定好研究對象（進入長期關係的阿法男）與研究方法（上面的規律），通常可以得到相同的結果。

不信的話，你可以從現在起觀察身邊每個進入長期關係的阿法男，十年之內，看他們最後的死法是不是都一樣。

框架才是關係的核心

框架不僅是互動的氛圍，也是關係的主軸，說穿了，就是「以誰為主」。框架的選擇，可以有「以男人為主」、「以女人為主」、「男女平等」這三種。這年頭要是敢選第一個，十之八九會被扣上大男人主義、沙豬等各種稱號，運氣不好的話還會惹來網路霸凌。只有選擇政治正確的後兩者，才能被廣大女性冠上新時代好男人的名號，白騎士和貝塔男日思夜想的也就這件事。

然而，一旦讓女人作主，或選擇你以為沒事的男女平等，到最後一定會撞上女人的慕強擇偶這座巨大冰山。要確認框架是否保持住，除了檢視平日行為是不是像個真正的男子漢外，還可以由以下指標判斷：

- 性生活：對你是不是有如饑似渴的慾望。
- 肢體碰觸：會不會主動牽你的手、挽你的手臂，兩人躺在床上會不會出現小鳥依人的模樣。
- 互動態度：女人一旦失去對男人的景仰，會不自主地在言行舉止中出現頤指氣使的鄙視模樣，只要你願意開啟感官（可惜多數直男沒有這種察覺社交氛圍的能力），一定

可以感受到語氣的不耐煩或眼中的不屑。當然，偶一為之的小摩擦倒無妨，但如果這件事變成你們互動的常態，只能說你好自為之了。

看到這邊，應該很多人都會想問：要是不幸框架已經毀壞，該如何修補？關於這答案，我只能說盡力為之，無法保證一定有用。你只能從言行舉止上一點一滴變回男子漢，再慢慢拿回框架。效果我不能保證，但說實在的，也沒別的辦法了。

框架毀壞對女人而言可說是一錘定音的事。這也是為什麼我如此強調框架的重要，也認為這是值得男人修練一輩子的課題。框架要麼維持，要麼崩壞，沒有在往上增長的。意思是，你要麼從吸引階段進展到長期關係都始終維持阿法男框架，要麼從阿法男被馴化成馬子狗，崩壞成貝塔男。框架已經毀壞，想從貝塔男逆轉成阿法男挽回關係，可說絕無僅有。

建議行動｜Action

① 學會放棄。我知道很多男人學習紅藥丸，目的是想透過紅藥丸覺醒，變成阿法男來挽回因框架崩壞而瀕臨滅亡的關係。但你如果真的紅藥丸覺醒，其實不會

想挽回任何一段關係，而是將目光放回自己身上，重新拿回人生主導權。

②從職場開始，觀察身邊同事的對話。你會發現即使是平級的同事，用字遣詞、肢體動作、表情、語氣等，一樣會顯示出階級的高低，能夠辨識這份落差，你也可以感受到女人對你是不是仍存有當初那份景仰。

兵法指引｜Guide

觀察框架的動態轉移與變化，可說是維繫長期關係的關鍵。不要迷信什麼星座指南、各種兩性文章。框架拿在手上，主導權就在手上。但要記得，我不是要你當個控制狂，像玻璃心一樣不順己意動輒大發脾氣。抓緊大原則，確認自己在主導關係即可，小地方不妨偶一為之讓一下，倒也不失為調節男女關係的好方法。

Rule 46

病態人格伴侶會毀掉你的人生

——「疾戰則存，不疾戰則亡者，為死地」（〈九地篇〉）

我觀察很多兩性作家的文章，少有人討論到「病態人格」這主題。或許還是為求政治正確，多數男人總認為一旦把女人升格成伴侶，除了要把手機和存摺密碼全盤托出，也不容許對女人有半點質疑。也因此，病態人格患者只要能登堂入室成為女友或老婆，往往能瞄準你的弱點，給予最沉重的歸零攻擊。

比較會討論到病態人格的，通常是專業心理師與精神科醫師。願意討論病態人格的心理師與醫師比較不會跨足兩性領域，多半著墨在精神治療或社會議題。因此，許多人在兩性互動上無法搜尋並留意到這類知識，被病態人格荼毒而不自知。

還好，紅藥丸領域老早就在討論病態人格伴侶了。事實上，我敢說不光是在西方世界，在東方世界也一定存在一堆男人被病態人格伴侶歸零的例子，只是礙於面子和媒體風向的政治正確，這些被毀掉人生的男人常常吭都不敢吭一聲。

喔對了，病態人格是不分男女的。女人當然也要提防遇到病態人格的男性伴侶，只是我這本書的預期讀者是男人，自然是站在男人角度來討論女人。但如果有女生朋友不幸誤上賊船，還能把這本「邪書」翻到這裡，那這法則提到的重點，妳把性別換一下，其實一樣適用。

病態人格患者的特性

上網搜尋病態人格四個字，一定可以找到一缸子專門講這主題的書。行有餘力，我建議啃個幾本防身，不光在情場可以預防被歸零的慘狀，在職場也能預先理出一套辦法，去對付病態人格主管和老闆。我就列舉幾個病態人格常見的特性，好供大家做初步辨識：

1. 每個人都是可利用的棋子

對病態人格患者而言，除了自己以外的所有人，都是可拋棄的棋子。其存在意義，只為了成就自己的目的與利益。只要目的達到，隨時可以說走就走，甚至讓你步入險境，毀掉你的人生，都是你家的事。

2. 不顧後果的利益導向

病態人格患者是被快感驅使的動物。或許是利益，或許是優越感，又或許是掠奪他人的痛快，對於快感的渴求遠超過常人，經常圖一時痛快而幹出風險報酬極度不對稱的事。沒被發現當然沒事，要是被抓到，為此賠上人生也在所不惜。腦袋不好的病態人格患者就是因此進了監牢。

3. 演技十足

病態人格患者有種特殊能力，能毫無界線和困難，戴上各種面具，只為了達成自己的目的。這一秒對你極盡所能地羞辱與霸凌，下一秒卻真心誠意地向你道歉。甚至說不定還不是演的，霸凌和道歉都是發自內心，只是轉變速度太快，常人無法理解而已。著名的「煤氣燈操控」，也要有影帝影后般的演技，才能藉此誤導認知，對他人製造精神折磨。

應該已經有讀者朋友發現，這裡提到病態人格的種種特性，與法則31講過的黑暗三性格有異曲同工之妙。是的，黑暗三性格本就是截取病態人格的優勢，正確運用在職場或情場上。有些人的確有病態人格傾向，在職場上冷酷無比，面對敵手也絕不留情，但回家面對伴侶卻露出溫柔目光，任勞任怨善盡家庭責任，那麼你就不用擔心對方會把病態人格用在你身上。

病態人格伴侶會做的事

如果女人出現下列情形，請務必抽離一下，並捫心自問：我是不是遇到病態人格伴侶了？

1. 找藉口跟你拿錢

長期關係裡的病態人格伴侶通常有著強大目的性，特別是針對那些只會用錢把妹的男人，唯一能帶來的好處恐怕就只有錢了。病態人格伴侶會謹慎挑選目標，最理想的肥羊當然是滿腦子藍藥丸思想，以為只要犧牲奉獻就能換得幸福婚姻生活的可憐貝塔男。

病態人格伴侶沒有與你長期走下去的念頭，就像漫威裡的「行星吞噬者」（Galactus），吸乾一個星球後再換下一個，完全沒有永續經營這回事。

2. 切斷你與家人朋友的往來

病態人格患者對人性的觀察與理解，彷彿是上天賜予的生存利器。清楚知道當局者迷，旁觀者清，要把一個人從泥沼拉出來，最需要仰賴的通常是家人或朋友。所以病態人格伴侶開始吸血之前，一定會想盡辦法斬斷你與家人朋友的連結，讓你的世界只能繞著她轉。

具體做法，可能會說壞話分化你與家人朋友的關係，找盡各種理由，哪怕一哭二鬧三上吊，也要減少你跟他們接觸的機會。一旦你的資訊來源只剩下她一個，自然把她的話當聖旨，她也能對你予取予求了。

3. 各種情緒勒索

病態人格伴侶要操縱你的頭號武器，絕對是以愛與信任為名的情緒勒索。一來可以藉此要求你做出她想要你做的任何事；二來要是你開始對她的怪異行為有所警覺（比如帳戶突然被挖走好大一筆錢），明示暗示地質問她，她可以哭著說你是不是不再愛她，用這招平安脫身。如果此時你的資訊來源不幸完全被她壟斷，滿腦子又是把女人當女神來拜的藍藥丸思想，到這裡已經命在弦上，什麼時候被歸零，就看這女人的心情了。

上面這些指標，保守一點看的話，只能說出現愈多項危機就愈大。只具備一項，或許只是遇到瘋女人，稍微留神即可；兩項的話就要高度警覺，嚴加注意其他病態人格指標；如果三項具備，最好的辦法是盡速離開，不是揭穿她。

因為，具有病態人格的女人，永遠可以用受害者形象去博取社會同情。即使媒體將其惡行公諸於世，只要在鏡頭前哭哭啼啼一下，還是有左派媒體、女權團體、白騎士出來幫她說話。男人反而會被質疑，是不是有其他問題，才讓女人選擇用這種方式對你。

電影裡常見的「原告變被告」戲碼，在我們生活周邊，在你看不到的當下，正活生生地一幕幕上演。

建議行動｜Action

① 搜尋強尼．戴普與前妻互控家暴的新聞，觀察女方說法和媒體輿論風向，一定可以理解我前面所說的：女人如果願意偽裝成受害者，這世界絕對會給予她超乎想像的寬容。

② 搜尋哈利王子與妻子梅根的新聞，把他們的認識始末到脫離皇室的言行過程與來龍去脈搞清楚。西方紅藥丸前輩早早就說梅根是病態人格伴侶。這恐怕是頂

尖上流社會的藍藥丸貝塔男被病態人格伴侶歸零的絕佳經典案例，沒有之一。

③ 複習電影《控制》（*Gone Girl*），絕對是紅藥丸覺醒的必備神片。

兵法指引｜Guide

不幸遇到病態人格伴侶，就像兵法裡的死地一樣，一定要想辦法盡速脫身。你也別想要反制她或懲罰她，畢竟大環境對你不利，真要硬幹，強尼·戴普就是最好的例子。就算贏了官司和面子，也絕對是曠日廢時，耗費大量時間和金錢。這還是贏的情況下喔，如果輸了，真的叫賠了夫人又折兵。

所以遇到病態人格伴侶，就像被鱷魚緊咬住手臂一樣，寧願斷臂求生，及時停損，也不要為了出一口氣而把人生賠下去。

Rule 47

病態人格小王才是最可怕的大魔王

——「不知戰地，不知戰日，則左不能救右，右不能救左，前不能救後，後不能救前」（〈虛實篇〉）

這本書慢慢接近尾聲了。我愈寫愈覺得，這年頭的男人真的很可憐，除了只能悶不吭聲默默忍受女本位主義各種有形無形的霸凌，還要提防媒體洗腦。撇開這些外力不說，男人自己內部也很不團結，總愛搞內鬥和分化，前面講過自甘墮落被女權滲透的白騎士當然是扯後腿的角色之一。但除了白騎士以外，還有兩種專搞背刺的角色，正虎視眈眈找著你的弱點，準備給你徹底歸零到想自殺的致命一擊。這個法則要講的病態人格小王正是其中一種。

小王有好有壞

正常男人絕對無法容許小王的存在，我在這也要奉勸大家，如果你的伴侶形跡詭異，乃至於被你抓到她私底下跟小王偷來暗去，請當機立斷結束這段關係，重新拿回人生的主導權。幾乎每場結婚喜酒上，都會說婚姻是人生的全新階段（意味著男人要自廢武功，退隱江湖變成馬子狗），如果這句話為真，有小王存在的婚姻，也是人生的全新階段——從婚姻進到離婚官司。

你一定聽過有些男人會跟老婆說，只要能跟小王徹底斷乾淨，對這段荒唐事可以視若無睹，既往不咎。但已經被紅藥丸思想洗腦到現階段的你，應該早就把「談判無法喚起真實慾望」這句話銘記在心，絕對不會做出同樣的愚蠢決定。逝去的感情，就讓它徹底逝去。

之所以說小王有好有壞，並不是要特別幫小王說話，而是把真實情況告訴大家。一個「上道」的小王，通常知道扮演好自己的角色，介入別人感情時絕不會跨越該有的界線，出了房門，彼此就該回到原有的生活崗位，不做過多打擾與侵犯。不少人妻和人夫，因為有家庭生活的牽制，正好達成恐怖平衡。至少就對方元配的角度來看，因為自家老婆和小王「謹守分寸」（我承認這成語用來形容這事有點怪怪的），並不知道已經被戴綠帽，就結果來說還是好的。

上道小王會約束女人無止境的慕強擇偶，把界線劃清，即使女人對老公早就失去熱情，也不至於讓已經奉獻一切的老公不幸歸零。意思是，長期關係還是能繼續維持下去，在老公的主觀認知上，付出時間與犧牲理想所拚命建構的婚姻還是幸福的。嗯，主觀上啦。

但要是遇到病態人格小王，事情就沒這麼簡單了。建議你翻回上一個法則複習一下病態人格的特徵，其中有項叫「不計後果的利益導向」，在此會開始發揮作用。明明只要把界線踩好，小王可以跟女人神不知鬼不覺地繼續約會下去。偏偏病態人格小王就是受快感驅動，毫無長遠思考與大局觀，僅為了掠奪他人的快感，讓女人走心，在背後搞鬼毀掉一個家庭，讓夫妻兩人的人生陷入困境。喔，如果有小孩的話，人生被摧毀的受害者人數恐怕要再往上加。

而且，通常被歸零的男人，要是發現背後有這樣的小王存在，自己的家庭竟然被一個不知所謂的渾蛋毀掉（身分地位完全不如自己），內心絕對宛如世界末日般崩潰，一時克制不住衝動把小王宰了，一起上新聞來個玉石俱焚都有可能。我說過，病態人格就是會幹這種風險和報酬極度不相稱的蠢事。

女人為什麼會做這種事？

病態人格小王挑選的目標，通常不是家暴渣男手底下的可憐女生，絕不是一堆傻蛋以為的那樣，把女人從水深火熱拯救出來。一來這種家暴渣男通常是阿法男，沒那麼好惹；二來這種老公常常窮得苦哈哈，沒什麼資源可以掠奪。反倒是家庭幸福美滿，有經濟基礎的貝塔男，才是病態人格小王眼中的肥羊。

於是問題來了，明明生活衣食無缺，老公又為了家庭任勞任怨，就算對老公失去興趣（包括性趣），也該看在物質生活或孩子的分上，回歸家庭，安穩過日子才是，怎麼會幹下吃裡扒外，跟沒錢沒勢的小王跑掉這種蠢事呢？

答案很簡單：因為女人有慕強擇偶，而老公早就被馴化成貝塔。只要被小王的阿法狀態吸引，可以為了他幹出任何事，打破世界上一切規則。所以，我前面才特別強調上道小王這件事，真要說的話，婚姻外遇的關係掌舵者是小王，不是女人。小王肯踩煞車，傷害就有上限。

但如果是病態人格小王，不好意思嘿，沒有見好就收這種事。女人肯為他做的所有事，也包括反過來挖光老公的錢，等於是病態人格小王一人在背後下指導棋，而陰謀執行者卻是你最親密、最信任，也奉為女神的「老婆大人」。很多男人被歸零的過程，都有明顯的斧鑿痕跡，看得出來後面有人在指導，這人是女人不知在哪遇到的窮光蛋小王，也通常是病態人格患者。你等於一次面對兩個敵人。

解法還是一樣，不要因為是老婆、正宮、正牌女友而把她捧上神壇，進入關係後一樣要謹慎觀察她的言行與品性。如果她待人接物很有問題，從小地方看到其實是個自私鬼，請對照上一個法則提到的指標，判斷是不是病態人格患者。

如果她是個天真無邪的好姑娘，做事深得人緣、頗受長輩喜愛，簡言之，在你的生活圈中受到家人朋友好評（不妨把這個當作好伴侶的指標），恭喜你，至少就目前來看，她是讓人稱羨的好伴侶。但若她的行為產生變化，常藉故不回家，做事躲躲藏藏，開始崇尚名牌，變得比以往拜金，總之，與你先前認識的她大不相同，那麼除了她交到壞朋友變得利慾薰心，也很可能是背後有小王在搞鬼。

這種情況，絕對要從嚴處理，不光在心裡默默將她留校察看，還得看緊自己的荷包，別給已經變心的她用任何藉口將你的錢挖走。

建議行動｜Action

① 去看電影《賭神三之少年賭神》，裡頭角色高進（黎明飾）、高傲、靳輕（梁詠琪飾）三人的互動，足以替這個法則中男人該有的態度下完美注腳。高進在最後說：「她變了心，一個變了心的女人，什麼都幹得出來。」如果高進還傻傻以為曾經的女神會回頭愛上自己，結局只會死無葬身之地。

② 到我的頻道收看「男人的擇偶標準」直播影片。

兵法指引｜Guide

伴侶外遇的病態人格小王，可真像新冠肺炎病毒一樣，是看不見的敵人，摧毀男人的生活。所幸，預防的疫苗已經在你手上，正是這本紅藥丸思想的書。擁有正確理解長期關係本質的三觀，才能應付這些鳥事。如果發現不幸中獎，特效藥其實也跟疫苗一樣，就是離開背叛你的伴侶，別跟他們瞎攪和，重新開始自己的人生。

順道一說，你不妨觀察一下那些被病態人格小王拐走，憤而與老公離婚的人妻。我敢打賭，離開原本優渥環境的她們，生活絕對是愈來愈糟、愈來愈窮、外型愈來愈崩壞，直到人生瀕臨毀滅。畢竟遇到的是病態人格患者，之所以被看上，只是有利可圖，下場自然是血被吸乾而丟在一旁。

Rule 48

紫藥丸不見得好入口

「人皆知我所勝之形，而莫知吾所以制勝之形」（〈虛實篇〉）

我剛開始推廣紅藥丸理念，介紹阿法男與貝塔男概念的初期，不少男性朋友常留言問我：能不能當個看起來像貝塔的阿法男？說真的，會問這種問題的，多半不想捨棄藍藥丸世界尋求認同的價值觀，既想成為人人誇獎的暖男，也想撈盡阿法男的好處。

技術上來說這路線不是不行，貝塔男與阿法男的確分別是藍藥丸和紅藥丸的代表，陰與陽的兩端，收與放的代名詞。但要揮灑自如，第一個要學的反倒是「放」，先有能力傷害（學習阿法的過程中很容易誤傷他人），再講究尺度合宜的「收」。如此一來，才能在阿法與貝塔雙模式之間自由切換，甚至做到阿法中有貝塔、貝塔中有阿法，如同太極圖的陰陽合一。

藍藥丸與紅藥丸的調和，乍看之下很像標題講的「紫藥丸」（Purple Pill），實際上不是這麼回事。這裡講的紫藥丸，依我的定義是帶有貶意的，也接續上個法則提到最後一種專門扯男人後腿的角色。我認為這玩意兒的存在會扼殺男人的覺醒之路，變成陰不陰陽不陽的四不像。

紫藥丸的種類

先說我的立場：我並不認為紫藥丸是學習紅藥丸的過渡時期。或許有人覺得紅藥丸太過殘酷，需要來點沒那麼猛的紫藥丸熱身，再慢慢進到紅藥丸會比較不痛苦。但說實在的，要覺醒就徹底覺醒，要成長還害怕痛苦，要破處還怕痛，不是這樣的吧。也因此，即使我願意相信市面上有些販賣紫藥丸的人懷著善意，但就結果來說，還是無法幫到在藍藥丸世界水深火熱的貝塔男。

喔對了，要解釋一下，我講紅藥丸的目的也不是為了幫人這麼高尚，我還是為了賺錢，只是想賺得心安理得。過程中能救一兩個男人覺醒，我也能安慰自己將來會離地獄遠一點。

紫藥丸為什麼會橫空出世，理由只有一個：好賣錢。賣出去會發生什麼事就不管了。甚至賣家自己也沒有紅藥丸覺醒，只是很會唬爛，讓你以為他是紅藥丸。常見的紫藥丸有以下三種：

1. 包著紅藥丸的藍藥丸

我說過，剛開始接觸紅藥丸的人，很容易把睡很多妹與紅藥丸劃上等號；又或者壓根不知道世上有紅藥丸這東西，只是性飢渴想解當務之急。於是，追著妹子跑的把妹課程一躍而上，成為這些新手的首選，看似用各種話術撩妹與睡妹，骨子裡還是充滿藍藥丸的患得患失。他們的理論體系裡，不存在「放棄」這字眼，偏偏勇於放棄是展示選擇權與自信的最好方式。

哪怕你苦口婆心說明放棄和轉盤子的重要，他們依舊會鬼打牆：「我就是想睡這個妹，別在那邊清談了，快告訴我方法吧。」要辨識這類偽紅藥丸其實很簡單：宣稱能幫你挽回前女友的文章或影片，甚至趁機賣課程的，都要小心隱藏其中的藍藥丸思維。

2. 包著藍藥丸的紅藥丸

特別小心那些強調溝通與理性的專家、網紅、意見領袖。雖然紅藥丸是極度小眾市場，可還是有些高手或意見領袖能用此型態過生活，只是礙於政治正確，不敢把這套理論拿出來講。當然，也不想跟錢包過不去，自然要選擇溝通與理性等迎合市場需求的主題，不光要賺男人的錢，連女人的錢也想賺。意思是說，即使他們骨子裡是紅藥丸，但為了賺錢，只好公開宣揚藍藥丸的各種教義，讓傻傻入坑的人以為藍藥丸才是救贖之道，實際上只是貢獻金錢，圓滿賣課講師的紅藥丸之路，自己還在藍藥丸世界被當盤子而不自知。

因為講求政治正確，這類團體特別喜歡把男女湊在一起「溝通」，也許是男女一同上課，也許是共同加入群組或社團討論。但別忘了，只要有女人存在，一定會有缺妹的男人低頭去討好。在這種地方，勢必有男人因為不敢得罪女人，把實話藏在心裡。況且，也絕對有男人醉翁之意不在酒，把課堂或社團群組當成另一個聯誼場合。只要有女人在，男人絕對無法暢所欲言。

3. 走文藝路線的阿法男

在臺灣不時有文藝渣男騙炮的新聞出現。我在私底下提過，某些特定圈子更是整天在臉書賣弄文字工夫兼順便騙炮的渣男專屬舞臺。許多只知其然而不知其所以然的傻瓜阿宅，會以為把妹就是要吟詩作對、賣弄文藝，把上健身房鍛鍊身體的時間都拿去充實內涵。結果哩，到頭來還是沒有女人想知道一個肥宅到底有什麼內涵。

多讀書充實內涵當然很好，但為了把妹而去追求自以為的內涵，把內涵當成把妹工具，只會變成酸腐味十足的「聰明宅」而已。事實上，這些文藝渣男與妹子的相處模式壓根兒是阿法男，只是你永遠看不到這面。更進一步說，文藝才華只是吸引目光的工具，跟櫻木花道的左手一樣只是輔助，真正的定海神針還是主導一切的阿法氣場。

這類文青紫藥丸，會讓人誤以為被女生喜歡的關鍵是蛔蟲般的同理心，或是如同詩人的多愁善感。這類特質只能讓女人多看你幾眼，但真要吸引她又是另一回事。女人的慕強擇偶，才不在意你多有同理心、會唸多少詩，也不在意你多懂她，更不在意你多有文藝氣質、多會撩妹，女人要的只是一個能領導她的強者，一個能讓自己甘心把身心都交出去的阿法男。

我敢保證，要是去問明明靠阿法氣場與妹子互動的男人怎麼把妹，他一定滿口藍藥丸官話來打發你。或許他本身沒有紅藥丸覺醒，只是像漫畫《頭文字D》的藤原拓海，是不知道怎麼辦到這一切的天生好手，這還情有可原。怕就怕他明明知道一切規律，但身為既得利益者卻想盡辦法維護自身階級利益，釋放錯誤資訊讓其他男人無法翻身。這才是紫藥丸中最可怕，也最需要提防的一種。

建議行動｜Action

① 小心自稱紅藥丸覺醒的女人，有些是混著有毒身心靈的空泛言論，等著把男人掰成藍藥丸的另類紫藥丸。懷抱浪漫主義，同時藍藥丸餘毒未清的紅藥丸新手，容易因為渴望被女人理解而誤上賊船。我和AB的直播影片提到，真正紅

藥丸覺醒的女人，不會越俎代庖跟男人搶奪推廣紅藥丸的任務。

② 如果閣下想賺錢賺快一點，務必要走紫藥丸路線。不要傻傻像我一樣，推什麼紅藥丸降低大家需求感，搞到後來大家自給自足，資本主義最討厭我這種人了。

兵法指引｜Guide

紫藥丸誤導我們的地方，在於所提供的工具會蒙蔽男人對兩性動態的真實理解。但還好，這本書都翻到這裡，你應該具備足夠知識對這些紫藥丸的制勝之形抽絲剝繭，不會像個新手一樣，被其所勝之形牽著鼻子走。

還是那句老話，要看一個人的真實想法，不能聽他所講的話，要從他做的事來判斷，只是這次把這概念用在男人身上了。

Rule 49

不要同居

「將軍之事，靜以幽，正以治。能愚士卒之耳目，使之無知」（〈九地篇〉）

簡單明瞭的四個字，我猜不少男人看到應該暗自膽顫心驚。望著女友擺在家裡的各種生活用品，回憶起共同生活的日常作息，大概打死也想不到「同居」竟然會成為長期關係的殺手。法則36提到，與女友同居容易誤入貝塔炮的困局，在這個法則，要來跟大家詳細說明這件事。

同居是破壞神祕感的殺手

不光是我這本書，整個紅藥丸體系也百般強調「深不可測」的重要，一來這是阿法必備特質，二來這是女人想像力的來源；少了深不可測的靈氣加持，你對女人的吸引力只會對折再對折，直接跌到谷底都有可能。

而要做到深不可測的方法有兩種：

1. 你真的深不可測

你擁有強大的性價值，不光是事業與工作，也包括頂尖的社會地位。但我說過，女人的社交直覺是男人的千百倍，即使你不說，隱而不發的氣場還是會讓女人感受到其他競爭者的存在。也就是說，根本不用使什麼把妹技巧，只是單純過自己的生活，但專注在自身的強大生活型態會直接賦予你阿法氣場，也是我這本書希望大家能走向的終極目標。

2. 你看起來深不可測

或許你沒有那麼高的性價值，但可以透過一些小技巧來幫自己的魅力增幅：對女人已讀不回、刻意在週末不讀不回，製造約會很多的假象，讓女人胡思亂想；不跟女人討論工作上的事，以免被知悉自己的生活作息，也避免因為錯誤決策而遭來鄙視。我再三強調，這些都是許多信奉平等主義（跟女人當好朋友）的男人會犯的錯誤。

同居最大的問題，會直接破壞這兩種深不可測帶來的效果，讓轉盤子的效率大打折扣。除非你的社會地位遠高過女方，她完全無法干涉你的生活，否則就一般人所處的社會階級，貿然同居只會扼殺自己的神祕感。

距離才是敬畏的來源

有句古話叫「親則生狎，近則不遜」，倒也替這法則做了背書。同居勢必長時間接觸，長時間接觸會帶來親密感，而親密感卻是誘惑的殺手，直接降低女人的慾望。若有似無、若即若離、求而不可得的曖昧，女人將其解釋為戀愛感或新鮮感，而同居會完全打碎這一切。甚至因為過度熟悉而毀掉原先對你的景仰，把你從神壇上扯下來。

也許有人會說：沒關係，我後宮佳麗三千，一樣跟正牌女友同居，反正盤子照轉就是。理論上的確可以這樣，但技術上可不可行又是另一回事。道理很簡單，跟女人同居是要怎麼自由行動？出去跟別的女人約會，要麼說謊，要麼形跡可疑，說不準還會想些理由來安撫自家女友，這些都是轉盤子的額外負擔。真的有心轉盤子，不要同居，不要太常見面，保持距離的神祕感才是最好的方法，打從一開始就要選對路走。

再者，大部分男人會因為同居所帶來性生活的便利，而變得玩物喪志，不知進取。反正都跟女友住一起，處理性慾變得簡單許多，雙方互交功課成為同居生活的一環，連開房間的錢都省下來了。但也因為雙方都有交功課的義務，意味著即使放任身材擺爛也要履行男女朋友的打炮之實，既然如此，幹麼要運動，幹麼要保持身材。於是乎，彼此的性生活變得愈來愈沒吸引力，交功課也變得敷衍了事。

女人會對男人頤指氣使，通常就是這樣開始的。接下來的戲碼，請自行翻到法則45，這些是專屬男人的輪迴，而同居讓你有更高機率踏入輪迴。

不論你要走入世俗定義的長期關係，或者用紅藥丸的方式轉盤子，不要同居絕對是維持吸引力的必備鐵則之一。

搞死男人的「承諾」

女人想婚時最樂見的一件事，當然是心儀對象的承諾，造成思及長期關係的男女雙方通常會用承諾當作神聖愛情的見證。只不過看待承諾的視角，男女各有本質上的不同。

女人的慕強擇偶永遠會讓她往上追尋更好的交易，只要察覺到你是目前最好的選擇，當然願意對你立下承諾；但要是她不小心愛上別人，可以用「追尋更理想的生活」向社會輿論交代，還會有一票極端女權和白騎士跳出來護航。而男人可就不一樣了，大多數男人願意把承諾當一回事，我在法則21也提過，不少男人很容易讓自己許下的承諾成為綁死自己的緊箍咒，哪怕女人已經變心、行為完全脫序，還是為這段已經失去真實慾望的關係付出最寶貴的資源。

而同居，會讓你有更高機會立下各種不利自己的承諾，讓你綁死自己而不自知。一旦與女人的接觸機會變多，首當其衝成為承受她一哭二鬧三上吊的情緒馬前卒。為了安撫她，你有很高的機會做出各種妥協。或許可以隨口講講，但若女人拿出你曾經講過的話來壓你，又或者拿性當武器威脅你屈從，又有幾個男人能像韓國瑜一樣，不把自己講過的話當一回事呢？

事實上，能避免遇到上述困境的，正是說話不算話的渣男和屁孩，也是他們之所以成為阿法的原因。我想，願意買這本書且讀到這裡的你，在思維上已經勝過旁人許多，待人處事也有著菁英般的契約精神。但你絕對想不到，重承諾、講情義的正面特質，面對女人慕強擇偶的當下，卻像螳臂擋車一樣無力。

你可以對女人好，但默默做就是了，不要立下任何承諾，保留能隨時抽身，同時維繫神祕感的空間。而同居，絕對是抹煞這份空間的頭號殺手。

建議行動｜Action

①如果真要同居，請確定你們一定會結婚再來做這件事。再怎麼說，都結婚了還沒住一起，社會觀感總是說不過去。除此之外，一般男女朋友交往的情況，我實在想不到同居的好處。有免費的炮可以打？你如果盤子轉得好，生活重心不會只有打炮而已。

②學習獨處。男人獨處反思的當下，才是等級提升的黃金時刻。通常我會根據一個人與孤獨相處的能力來判斷他的成就。耐不住寂寞，整日找人填補空閒時光的男人，成長幅度絕對大幅受限。

兵法指引｜Guide

跟女人互動的原則，不外乎「幽微」兩個字，前面講過的潛溝通是做法之一。除了吸引階段要講潛溝通，進入長期關係也適用。重點常常不在於你需要做什麼，而是盡量減少多餘的動作，一來省事，能把時間投注在自己身上，二來效果還真是他媽的卓越。同居就是你第一個要去除的選項。

Rule 50

一對一長期關係對人生有益

——「故車戰，得車十乘以上，賞其先得者，而更其旌旗，車雜而乘之，卒善而養之，是謂勝敵而益強」（〈作戰篇〉）

行文至此，包括我的直播頻道開到現在，關注我的讀者朋友或許會認為我反對一對一長期關係，畢竟前面提過的轉盤子，橫看豎看就是坐享帝王般的後宮生活，看似跟一對一長期關係八竿子打不著邊。然而，在最後一個法則裡，我卻要告訴大家，一對一長期關係，又或者你可以將其延伸成家庭觀念，之所以能成為人類社會的主流，是有其道理的。

事實上，人類歷史上許多優良特質，正是來自一對一長期關係所衍生出的家庭觀念。為了讓家庭延續，必須努力工作、勤儉持家，行有餘力打打炮生小孩讓基因得以延續。將這藍圖放大來看，正是一個民族強盛與否的關鍵。美國之所以強盛，正是開國之初謹守家庭觀念的清教徒價值體系帶來的結果。而美國之所以聲勢走下坡，也恰好是左膠在學術、政治圈掌權，鼓吹多元文化，破壞家庭觀念的開始。在歷史上，父權愈強盛的社會，往往愈能帶來更強盛的民族性，在國際間占有一席之地。

看到這裡也許有人覺得：媽的我只是想有打不完的炮，才來看看紅藥丸是怎麼一回事，還跟我清談國家民族這種東西，會不會太高大上了點？

我知道大多數缺炮打的男人沒有所謂大局觀，但如果你願意抓緊紅藥丸的核心，將格局放遠來看，會發現它帶來的助益不光是現階段的人生改變，連死後的基業也得以繼續綻放光芒。就像我常掛在嘴邊的，好基因就該繼續傳承下去。

為什麼王朝會崩壞？

的確，大多數男人嚮往的後宮生活，還真的是阿法男的寫照。歷史上的開國皇帝，哪一個不是坐擁後宮佳麗三千，一天輪一個還得十年才輪得完。我在直播也曾講過，男人只要有能力，不光是擁有龐大後宮，連正宮側室這種名義上的伴侶配偶，也可以妻妾成群，連帶子孫滿堂，徹底達成散布強者基因的貢獻。不僅自己爽翻，還能替人類社會製造更多優秀的下一代，真的是摸蛤仔兼洗褲。

乍看之下，阿法男搞出來的後宮生活似乎可以替人類帶來貢獻，似乎與這個法則相違背。但細看之下，你會發現完全不是這樣，一切的問題，將在你掛掉之後徹底爆發。在群龍無首下，最可怕的是底下人的內鬥。不光是後宮之間的彼此爭寵，孩子們也為了爭遺產而內鬥，讓整個家族四分五裂。

這劇本放到歷史上，就是血腥的爭王儲內鬥，失敗的一方通常伴隨整個派系的滅亡，許多厲害的人才，常常只是因為選錯邊而人頭落地，對國家當然是巨大損失。而放到現代社會，自然是企業的四分五裂。知名影城美麗華背後的家族企業黃家，多年前也因為內鬥搞出槍擊案鬧上社會新聞。你說這種企業能撐多久？

別以為這種企業內鬥是特例，臺塑、長榮都有類似問題。只要創辦人妻妾成群（幾乎是男人有權有勢後的必然），生出一票萬子千孫，爭產內鬥向來是可預見的下場，歷史早就告訴我們了。

阿法老爸才教得出阿法

我在部落格曾寫過一篇〈老爸太 alpha，注定讓孩子變 beta〉的文章，解釋為什麼太過強勢的老爸，通常只會教出唯唯諾諾的貝塔男。但小標題之所以這樣下，是我認為阿法老爸是教出阿法男的必要條件，而不是充要條件。意思是，阿法老爸是傳承阿法特質的最佳典範，但不代表阿法老爸就一定教得出阿法小孩：

1. 阿法老爸必須要紅藥丸覺醒

請記得，阿法男不等於紅藥丸覺醒，有些天生阿法男壓根不知道自己為什麼這樣做，只是順著天性而已。我相信大多數讀這本書的男人還是希望娶妻生子，這也的確是家庭價值的重要核心。所以嘍，如果你希望自己的孩子夠強，除了自己變成阿法，也要能教他紅藥丸的一切知識，讓他擺脫女本位主義的掌控。

雖然他很可能不會養你而跑去浪跡天涯，但你要是真的紅藥丸覺醒，我敢說絕對不會像一堆華人巨嬰父母一樣，拿孝道來逼迫孩子。

2. 有一對一長期關係

說直白點，你只跟一個女人生孩子，而且還不能生太多。如此一來，才不會有後宮爭寵的問題，能有足夠的精神衝事業。再者，因為孩子數量有限，在教育上比較能提供客製化教學。

眾所皆知，最好的教育方式是手把手的學徒制，但學徒制有其數量限制，一對一或一對二比較是一般人能力所及，到一對三已經很吃力了。也就是說，你要是希望傳承自己的阿法特質，不要生太多，再一個一個悉心教導，帶他上山下海、冒險犯難，適時給予鼓勵，放手讓他去飛。男孩子只有在這種成長環境下，才有機會成為頂天立地的男子漢。

說句實話，多幾個這樣的老爸，我也會輕鬆點了。

最後，就像前面法則提過的，把長期關係當作轉盤子的副產品，而不是死命求來的既定目標。盤子照轉，遇到優質妹子，不妨將她扶正，好好待她並維持住自身框架。李連杰的電影《倚天屠龍記》裡，洪金寶飾演的張三豐曾對他說：「你師公我沒女人要才當老處男的嘛，現在你有機會，就用了它。」

我定義的長期關係，說穿了是企業管理或公司經營的縮影。你會發現，這種一對一的長期關係搞下去，再加上工作，以及偶爾調劑身心的約會對象，就一般人的階級而言，技術上根本很難擁有兩個以上的長期關係。

紅藥丸的精神，本就是在不傷及理想與事業的前提下，在兩性互動裡拿回我們男人該有的主導權。

建議行動｜Action

①到我的部落格閱讀〈老爸太alpha，注定讓孩子變beta〉文章。阿法老爸教出的貝塔孩子，常常是因為數量太多，或是為了管理方便，實行軍事化教育的惡果。

②一對一長期關係是紅藥丸的選項之一，操作得宜的話，可以替入世生活增添色彩，在你死後留下一份偉業。當然，你也可以像我一樣選擇出世道路。雖然我常覺得沒留下自己的基因有點可惜，但或許可以用我寫過的文字、講過的直播影片，當作我在這世界到此一遊的證明。

兵法指引｜Guide

如果你要問我長期關係或婚姻的意義，在紅藥丸觀點上，婚姻的目的是為了生小孩後的各種法律與社會福利的保障。也就是說，如果你不打算生小孩（小孩生了以後父母雙方都不再有自己的生活），其實不一定要結婚。至於我的看法，我認為要進入長期關係的唯一理由，是這個女人的存在可以讓你的人生、事業，甚至是個性變得更好。

不要為了打仗而打仗，正如同不要為了結婚而結婚、不要為了脫單而脫單。仔細思考跟女人的互動能獲得什麼好處，替人生帶來什麼樣的助益，這才是整個紅藥丸的精髓之所在。

Epilogue

後記

那個奧客

這本書寫的紅藥丸概念，並非都我原創，有一部分是拾人牙慧，加上自己的觀察與實戰經驗，以及在群組與諸多高手朋友的討論補充而來。事實上，我的啟蒙讀物是Rollo Tomassi所寫的《The Rational Male》一書。我這本書之所以能誕生，必須要感謝Rollo這本書啟發我的視野，讓我重新審視過去的所見所聞，將實戰經驗再次昇華（也包括讓我的課程再次升級）。如果你行有餘力，在讀完這本結合我個人心得的小書之後，不妨讀一下原典出處，知道真正的紅藥丸是怎麼一回事。

我也要謝謝好倫、張忘形、AB這三位願意幫我寫序，也願意讓我蹭他們流量的好朋友。大家在自我提升的議題上有著一定共識，認為男人該把重心放在自己身上。在講求政治正確的今天，要做到這件事需要一定的道德勇氣。在此我向這幾位表達最高敬意。

說個題外話，當我在亞馬遜看到《The Rational Male》的兩極評價，就立志要寫一本同樣評價兩極的書。以結果來看，第一本書算是達標了。

我認為，紅藥丸是講求個人主義的右派思想，與整天企盼世界大同的左派可說是格格不入，所以不光是自由主義的極端女性主義者不爽紅藥丸，某些左到天荒地老的身心靈產業，也加入抨擊紅藥丸的行列，趁隙蹭個熱度。

左派最大的問題，就是不願面對真實世界存在的風險，天真認為把敵人「教」好，大家解除武裝，世界自然邁向和平。也只有左派才會傻乎乎認為這種在人類歷史上從沒發生過的事，會在他們的努力下從石頭迸出來。

特別是某些掛羊頭賣狗肉，跟身心靈掛勾的兩性教學機構，最喜歡鎖定心理素質脆弱的顧客。除了標榜可以連結其實沒空理他們的高靈或守護靈，還整天宣稱愛與包容，認為可以靠內在與自我價值的認知，去解決長期關係會遇到的各種問題。要他減肥，他會跟你說那是沒自信的人在做的事，甚至告訴你，長得好看不一定有自我價值。這類人並不明瞭紅藥丸的本質是要男人將心力用在自我提升，卻因為斷章取義的片面理解，把紅藥丸提倡的男子氣概扭曲成有毒能量，取而代之的竟是等同自宮的「陰性能量」。陰性能量可說是包著身心靈外衣，把男子漢掰彎的頭號殺手。說直接點，紅藥丸提倡的陰陽調和，指的是男女在家庭單位裡各司其職的互補，絕不是在男子氣概中偷渡陰柔特質，甚至捨棄身為男子漢該有的框架。

然而，或許你因為這些人站著說話不腰疼的鳥樣讓心靈得以療癒了，但問題依舊擺在眼前等你解決。期待下一個男人或女人會更好，其實無可厚非，但前提是你有所成長。

人生的問題從來沒這麼好解決。大道至簡，是指原則簡單，不是做法簡單，更不像這群身心靈信徒一樣，懷著感恩的心發一下念力，世界會因此改變。我認為，**面對真實世界最正確的態度，是直面風險。**

跟女人互動，要坦然面對人性黑暗面的風險，將備援機制扣在手上。遇到好妹子當然能備而不用，但如果發現被歸零徵兆浮現，要有隨時轉身就走的果斷與勇氣。而這份直面風險的勇氣，正是紅藥丸的精髓之所在。

既然說到風險，我想提一下納西姆・塔雷伯（Nassim Taleb）在其著作《反脆弱》（*Antifragile: Things That Gain from Disorder*）中，對風險管理的哲學觀點，也用此作為整本書的結尾：

1. 脆弱

「脆弱」的定義是無法承受風險，一旦意料之外的錯誤出現，整個系統會因而受傷。標榜愛與和平的左膠和身心靈信徒，壓根兒不想面對風險這件事，也無法處理風險。他們認為只要雙方有共識，願意一起上課、一起諮詢（包括付雙倍費用供養這些業者），風險會自動消失，不用擔心這種低層次的問題。

世界和平不是指望大家一起解除武裝，而是手握武器、實力堅強的好人能對壞人產生威懾，達成另類國際關係的平衡。但這群左膠，只會要大家一起解除武裝，you jump I jump。於是現實世界裡男人照辦了，卻沒料到有些女人手裡還偷藏核彈，只好手無寸鐵被炸得粉身碎骨。

2. 強固

「強固」的定義很容易被一般人誤會，以為是脆弱的相反。就塔雷伯的說法，強固指的是不會被意外錯誤所打擊，但也無法從錯誤中成長。藍藥丸世界達成強固的方法，是將兩性關係與家庭綁定升級成婚姻。多數男人抱持天真想法，以為結了婚老婆就是自己人，絕對不會出賣自己，也絕對不會在背後捅刀。

事實呢，讓男人被慘烈歸零的，都是這些他們以為絕不會出賣自己的「老婆大人」。我反倒認為在兩性世界裡不存在強固性質的關係。真實世界的婚姻，就塔雷伯的哲學定義來說，往往比脆弱更加脆弱。男人投注愈多金錢、理想，愈想打造自以為牢不可破的強固婚姻，在被歸零的時候，絕對死得更慘。

3. 反脆弱

不論是哲學意義還是真實狀況，「反脆弱」才是「脆弱」的反義詞。反脆弱與強固一樣，允許意外發生，但最大的不同，在於反脆弱可以在意外錯誤中獲益，而強固不行。紅藥丸正好是反脆弱的詮釋典範之一。

比如把妹失敗，你可以拍拍屁股，蒐集更多資訊重新再起，找另一面盤子遞補上來。就算沒妹可把，你也可以回到自己的事業上，把妹失敗就轉而衝事業，事業衝累了就找妹子調劑一下身心，再不濟也可以上健身房跟槓鈴或啞鈴交朋友。藍藥丸定義的「失敗」，在紅藥丸眼中只是提醒自己該休息轉場的訊號，你永遠找得到理由往前邁進。

再者，要對會發生的風險瞭然於胸，隨時留有後著以備不時之需。我就覺得很奇怪，按照我對正常世界的理解，工廠有備援電力、公司銀行有準備金，一般家庭也會準備一筆錢以防各種不時之需，但講到婚姻或兩性關係，這些基本常識統統不見了，所有人把蛋裝在同一個籃子裡，最後被歸零出場再來哭。

最後我得說，如果有女生願意忍受各種不適讀到最後，我要謝謝妳們的寬容，佩服妳們開放的心胸，也相信妳們有著優秀條件，缺的只是理解真相的管道。有些自帶紅藥丸思維的優質女人（自稱覺醒的很多都有問題），常常是上一代給予優良家教的富家千金。無論如何，這些優質女人都會認真提升自己身為女性的性價值，對自己的外貌與人品負責，她們是兩性市場上的既得利益者，缺的只是這本書裡的知識去挑選真正人品好的阿法男，並透過它避開吸人血的病態人格患者。至少，我相信這本書給妳們正當的理由，去拒絕大部分弱者蒼蠅的騷擾。妳們不必再有罪惡感，覺得拒絕貝塔男的追求是什麼罪大惡極的事。

一如整本書的基調：只有強者男人才值得尊敬。

壞男人的紅藥丸法則：
成為真正的強者，讓妹子自己來把你！

作者	那個奧客
主編	陳子逸
設計	許紘維
校對	渣渣
發行人	王榮文
出版發行	遠流出版事業股份有限公司 104005 臺北市中山北路一段 11 號 13 樓 電話／(02) 2571-0297 傳真／(02) 2571-0197 劃撥／0189456-1
著作權顧問	蕭雄淋律師
初版一刷	2020 年 7 月 1 日
初版七刷	2023 年 11 月 14 日
定價	新臺幣 380 元
ISBN	978-957-32-8781-0

遠流博識網 www.ylib.com YLib.com 遠流博識網

國家圖書館出版品預行編目（CIP）資料

壞男人的紅藥丸法則：成為真正的強者，讓妹子自己來把你！
那個奧客著
初版．臺北市：遠流，2020.07
352 面；14.8 × 21 公分
ISBN 978-957-32-8781-0（平裝）

1. 兩性關係

544.7 109006221